Schriftenreihe des Synodalrates
Heft 18

Herausgegeben von den Reformierten Kirchen Bern-Jura

Hanni Lindt-Loosli

Von der «Hülfsarbeiterin» zur Pfarrerin

Die bernischen Theologinnen
auf dem steinigen Weg
zur beruflichen Gleichberechtigung

Verlag Paul Haupt

Bern Stuttgart Wien

Die Deutsche Bibliothek – CIP-Einheitsaufnahme:

Lindt-Loosli, Hanni:
Von der «Hülfsarbeiterin» zur Pfarrerin:
die bernischen Theologinnen auf dem steinigen Weg
zur beruflichen Gleichberechtigung /
Hanni Lindt-Loosli. –
Bern; Stuttgart; Wien: Haupt, 2000
(Schriftenreihe des Synodalrates
der Reformierten Kirchen Bern-Jura; H. 18)

Gestaltung und Satz: Atelier Mühlberg, Basel

Dieses Papier ist umweltverträglich, weil chlorfrei hergestellt.
Printed in Switzerland

http://www.haupt.ch

Vorwort

Seit der ersten Aufnahme einer Theologin in den staatlichen bernischen Kirchendienst 1954 sind 223 Theologinnen ins bernische Ministerium aufgenommen worden. Laut dem Pfarrkalender 1998 arbeiten gegenwärtig 92 Theologinnen als Pfarrerinnen in öffentlichen bernischen Kirchgemeinden, 30 von ihnen im Vollamt, 35 im Halbamt (13 von ihnen zusammen mit ihrem ebenfalls zu 50 % angestellten Ehemann), die übrigen 27 in Teilzeitstellen zwischen 20 % und 95 %. Zum ersten Mal ist 1998 eine Pfarrerin ans Berner Münster gewählt worden. Elf Theologinnen arbeiten in Spezialämtern der Kirche. An der evangelisch-theologischen Fakultät der Universität Bern lehren drei Professorinnen und eine Lektorin, vier Theologinnen sind Assistentinnen. Im Sommersemester 1998 studierten 100 Frauen und 107 Männer Theologie. Fast ausnahmslos sind Stelleninserate geschlechterneutral abgefasst: Gemeinden suchen gleichwertig eine Pfarrerin, einen Pfarrer oder ein Pfarrerehepaar. In Stelleninseraten für Hochschuldozenten wurden Dozentinnen sogar besonders eingeladen, sich zu melden.

Mitglieder des Synodalrates, der Exekutive der Berner Kirche, sind 1998 neben fünf Männern vier Frauen, gegenwärtig allerdings keine Theologin. Von 1986–1988 waren zwei Theologinnen im Rat.

Wozu also die vorliegende Arbeit? Längst vergangene Zeiten mit längst gelösten Problemen! – Heute liegen die Probleme tatsächlich anders. Eine gegenwärtig von der Vereinigung Berner Theologinnen angeregte Untersuchung über die Situation der Pfarrerinnen im Synodalverband Bern-Jura zeigt sie auf.

Ich habe mich trotzdem entschlossen weiterzuarbeiten. Zunächst als Dank an unsere ersten Kolleginnen. Sie sollen nicht vergessen werden. Ich habe sie – mit wenigen Ausnahmen – alle noch gut gekannt. Ihr engagierter Glaube, ihre berufliche Kompetenz, ihre Freudigkeit im Dienst, ihr überlegener Humor in und gerade trotz beruflicher Zurücksetzung waren uns Vorbild. Zum zweiten ist die Arbeit eine kleine Gabe an die jetzigen Kolleginnen. Theologinnen fragen immer auch nach dem woher und wohin. Sie sollen es auch in Bezug auf ihren Beruf tun können, und vielleicht sehen sie dabei ihre eigene Situation aus einer etwas andern Perspektive und auch mit dem Blick der Gemeinde.

Die Arbeit beschränkt sich absichtlich auf die Theologinnen, die vor 1965 an der Universität Bern studierten oder in zur Berner Kirche gehörenden Gemeinden arbeiteten. Jede Kantonalkirche hat die Theologinnenfrage – obwohl auch mit Blick auf die andern Kirchen – ja zunächst eigenständig und nur für ihr Gebiet geltend gelöst. Als ehemaliges Mitglied des Synodalrates haben mich darum die Überlegungen und Argumentationen der eigenen Synode, unseres Synodalrates, der Berner Universität, unserer Kirchendirektion und des Bernischen Grossen Rates interessiert, die über die beruflichen Möglichkeiten der Berner Theologinnen entschieden. Es ist ein Stück Männer- und Frauengeschichte, die damals beide Geschlechter auf ihre Weise forderte.

Danken möchte ich allen, die mir bei der Arbeit geholfen haben, vor allem den Theologinnen, die ihr Studium vor mehr als 30 Jahren begonnen und bereitwillig und sogar freudig meine Fragebogen ausgefüllt und noch persönlich ergänzt haben. Danken möchte ich auch Dr. Franziska Rogger, der ideenreichen Uni-Archivarin, die begeistert Unterlagen aufstöberte und mich unermüdlich an meine Arbeit mahnte. Ich danke auch unserer Tochter Dorothea Walther-Lindt, sie hat aus den eingegangenen Fragebogen herausgearbeitet, was überhaupt statistisch erfassbar war, und unserem Schwiegersohn Ueli Dürst, dem steten Helfer bei Computerproblemen. Einen grossen Dank verdient mein Mann für seine Begleitung und Unterstützung und seine oft strapazierte Geduld.

Im April 1999   H. Lindt-Loosli

Inhaltsverzeichnis

Einleitung

Die Bernischen Theologinnen hatten es dreifach schwer auf dem Weg zur beruflichen Gleichberechtigung.

Einerseits waren die gesetzlichen Bestimmungen da, vorab das staatliche kantonale Kirchengesetz von 1874, die – auch laut juristischen Gutachten – die Wahl von Frauen ins Pfarramt nicht zuliessen. Eine Gesetzesänderung durch Volksabstimmung war nötig.

Andererseits schienen Bibelstellen gegen das Predigtamt der Frau zu sprechen. Dies war ernsthaft zu bedenken.

Zum dritten waren die Mitglieder der entscheidenden Behörden in der Institution Kirche, in Universität und Staat ausschliesslich Männer (in der Synode bis 1946, im Grossen Rat bis 1972, im Synodalrat bis 1977, im Regierungsrat bis 1986),[1] die – mit wenigen Ausnahmen – das Pfarrerbild und das Frauenbild ihrer Zeit in sich trugen. Vor ihnen lag ein anstrengender Weg.

Die gesetzliche Ausgangslage war klar. Die Wahlfähigkeit der Pfarrer aller drei Landeskirchen war im staatlichen kantonalen *Gesetz über die Organisation des Kirchenwesens* (nachfolgend Kirchengesetz genannt) von *1874* im folgenden Paragraphen festgelegt:

§ 25 «Wahlfähig zu Geistlichenstellen an öffentlichen Kirchgemeinden und an den öffentlichen Anstalten sind nur solche Geistliche, welche in den bernischen Kirchendienst aufgenommen worden sind.»

---

1   Kirchl. Frauenstimm- und -wahlrecht im KG vom 6. Mai 1945 verankert, allgemeines Stimm- und Wahlrecht für Frauen durch Volksabstimmung vom Februar 1971. Nach entsprechender Änderung des KG (Paragraph 65) Frauen ab 1976 in Synodalrat wählbar.

Die Bedingungen zur Aufnahme standen im § 26 des Kirchengesetzes:

§ 26 «Die Aufnahme in den bernischen Kirchendienst erfolgt durch den Regierungsrath. Sie darf mit Ausnahme der in § 27 vorgesehenen Fälle nur unter folgenden Bedingungen stattfinden:

1) auf Ausweis über zurückgelegtes 21. Altersjahr und untadelhafte Sitten;

2) nach vorausgegangener Staatsprüfung und auf ein empfehlendes Gutachten der betreffenden Prüfungsbehörde, durch welches erklärt wird, dass der Kandidat die nöthige theologisch-wissenschaftliche und kirchlich – praktische Befähigung zum geistlichen Amte seiner Konfession besitzt.»

Bei der Entstehung dieser Paragraphen 1874 und nachher in der Praxis waren unter den Geistlichen Männer verstanden, an das Pfarramt der Frau dachte damals niemand. Daraus erwuchs laut Rechtsgutachten[2] eine «Verbindlichkeit für die Auslegung» auch dann, als die Frauen ihrerseits schon konsekriert und in den bernischen Kirchendienst aufgenommen wurden.

Das Studium an der evangelisch-theologischen Fakultät wurde mit dem Staatsexamen abgeschlossen, das zur Aufnahme in den Kirchendienst und damit zur Wahlfähigkeit für eine Pfarrstelle führte. Das Studium war eine eigentliche Berufsausbildung zum Pfarrer. Wer studierte, wollte Pfarrer werden, und wer Pfarrer werden wollte, hatte das Studium abzuschliessen. Noch 1941 wurde – bei drohendem Pfarrerüberfluss – in einer gemeinsamen Sitzung von Synodalrat und Prüfungskommission das Votum eines Dozenten folgendermassen protokolliert: «Mit dem Pfarrerzeugnis in der Tasche kann man eben gar nichts anderes sein oder werden als eben Pfarrer; nicht einmal zugleich Pfarrer und Lehrer in Abländschen kann ein Pfarrer mit Maturität und Staatsexamen werden!»[3]

---

2 Gutachten von Prof. Dr. iur. H. Huber vom 3. Januar 1963, S. 10
3 Protokoll der Sitzung des Synodalrates mit Prüfungskommission vom 18. Juni 1941. Votum Prof. M. Haller

Noch 1944, bei der Beratung des neuen Kirchengesetzes, das 1945 in Kraft trat, wurde in der Synode vom 10. März der Antrag der Liberalen, es sei im neuen Gesetz aufzunehmen, dass die Fakultät nicht allein zur Ausbildung der reformierten Geistlichen, sondern auch «zur wissenschaftlichen Forschung» dienen solle, abgelehnt, allerdings knapp mit 57 zu 56 Stimmen.[4]

Die gesetzliche Ausgangslage von 1874 blieb also in der Formulierung weiterhin klar: die evangelisch-theologische Fakultät war da, um Geistliche auszubilden, und Geistliche konnten nur Männer sein.[5]

Es sollte 91 Jahre dauern, bis am 28. Februar 1965 durch eine Volksabstimmung dem Art. 25, der im Kirchengesetz von 1945 die Wählbarkeit festlegte, ein Absatz 2 beigefügt und der Art. 30 ergänzt wurde, was die berufliche Gleichberechtigung für die Theologinnen bedeutete:

Art. 25, Abs. 2: «Unter den gleichen Voraussetzungen sind an die genannten Pfarrstellen der Evangelisch-reformierten Landeskirche auch Frauen wählbar.

Art. 30 bis: Für die Evangelisch – reformierte Landeskirche finden alle Bestimmungen dieses Gesetzes sowie anderer gesetzlicher Erlasse, die Bezeichnungen wie Geistlicher, Pfarrer, Vikar, Hilfsgeistlicher, Verweser, Inhaber, Bewerber, Bezirkshelfer enthalten, auf Pfarrerinnen sinngemäss Anwendung.»

---

4   Verhandlung der Kirchensynode vom 10. März 1944 und 18. April 1944.
5   Ein akademischer Studienabschluss als lic. theol. wurde erst 1983 möglich.

I Chronologie der einzelnen Schritte auf dem langen Weg zur beruflichen Gleichberechtigung

Die Jahre 1917–1929

Die Frauen melden sich

Nach einem Gespräch mit Prof. D. Wilhelm Hadorn, damals Münsterpfarrer, a. o. Professor (KG und NT) und Vizepräsident des Synodalrates, in dem sich dieser über Anstellungsmöglichkeiten von Theologinnen mit abgeschlossenem Studium nicht in ablehnendem Sinne geäussert hatte, schrieb am 3. Oktober 1917[6] *Elisabeth Anna Bachmann,* seit Herbst 1916 an der phil.I Fakultät immatrikulierte Studentin, folgenden Brief an Prof. D. Moritz Lauterburg, Rektor der Universität Bern und Dekan der evang.-theol. Fakultät:

«Sehr geehrter Herr Professor Lauterburg,
gestatten Sie mir, Sie höflich anzufragen, ob ich an der evangelisch-theologischen Fakultät der Hochschule Kollegien besuchen dürfte, die mich für den Beruf einer Pfarrhelferin vorbereiten! Mein Wunsch ist, mich später in sozialer Frauen- und Kinder-Fürsorge und in Armenpflege zu betätigen, Religionsstunden an Schulen und Kinderlehre zu erteilen. Dazu möchte ich nach Abschluss der nötigen Studien durch ein Examen ein eidgenössisches oder kantonales DIPLOM erlangen.
Ich habe im Herbst 1916 die literarische Maturität mit Latein und Griechisch am hiesigen Freien Gymnasium bestanden und bin an der philosophischen Fakultät 1 immatrikuliert.
Mit vollkommener Hochachtung: Elisabeth Anna Bachmann.»

Am 16. Oktober 1917 erhielt Anna Bachmann folgende Antwort:

«In Beantwortung Ihrer Anfrage vom 3. dies teile ich Ihnen mit, dass für Sie kein reglementarisches Hindernis besteht, die Vorlesungen unserer Fakultät zu besuchen und sich, falls Sie dies wünschen, bei unserer Fakultät als immatrikulierte Studentin einzuschreiben.

6   A. Bachmann: «Bericht über die berufliche Ausbildung und Anstellungsmöglichkeit Bernischer Theologinnen», Bern 1926, Gosteli-Archiv.

Was die spätere Möglichkeit eines für die von Ihnen angedeuteten Zwecke besonders einzurichtenden Examens betrifft, so werden wir diese Frage, wahrscheinlich in Verbindung mit der kirchlichen Oberbehörde, in wohlwollendem Sinne prüfen und behalten uns in dieser Beziehung definitive Entschliessungen vor.
Achtungsvoll: Namens der evangel.-theolog. Fakultät:
Der Dekan Prof. D. M. Lauterburg.»

Anna Bachmann

In der Folge immatrikulierte sich Anna Bachmann am 23. Oktober 1917 als erste Frau an der evangelisch-theologischen Fakultät der Universität Bern.

Wie das in ihrem Gesuch an die Fakultät entworfene Berufsbild zustande kam, ist nicht sicher. Ging es aus dem Gespräch mit Prof. Hadorn hervor? Jedenfalls wurden darin Anstellungsmöglichkeiten angesprochen. War es ihr eigenes? Das Ziel war nicht das Pfarramt, sondern eine soziale, fürsorgerische und erzieherische Tätigkeit, ausgerichtet auf bestimmte Zielgruppen, auf Frauen, Kinder und Benachteiligte. Es fiel nicht unter die Bestimmungen des Kirchengesetzes, und die Ausbildung an der theologischen Fakultät führte nicht unbedingt darauf hin. Das Berufsbild entsprach jedenfalls dem damaligen Frauenbild, auch demjenigen der zuständigen kirchlichen Behörden, die ohne Einwände darauf eingingen. Es wirkte sich noch über Jahrzehnte auf den Ausbildungsgang, das Prüfungsreglement und die gesetzlichen Bestimmungen für Theologinnen aus.

Anna Bachmann beurteilte ihr Gesuch 1926, fast 10 Jahre später, kritisch.[7] Sie hatte damals nichts anderes als Theologie studieren wollen, so ernsthaft wie ihr Bruder Hans und wie die Söhne im Nachbarhaus (Karl und Peter Barth), das gleiche wissenschaftliche theologische Studium wie diese. Sie hatte noch kein Berufsziel. Jetzt glaubt sie, sie hätte besser getan, im Gesuch als Ziel des Studiums eine selbständige Stellung als Pfarrhelferin innerhalb der Gemeinde anzugeben. Dieser Formulierung hatte aber ihre persönliche Scheu, von einer Kan-

7   ebenda

zel aus vor vielen Menschen zu predigen, widersprochen. Kei-nesfalls hatte sie mit ihrem Gesuch jemals einer Nachfolgerin den Weg zum Predigtamt versperren wollen. Ihr war es um die wissenschaftliche Ausbildung gegangen, und so setzte sie sich vor allem für ein gleichwertiges Studium und für gleiche Examen für Studentinnen und Studenten an der theologi-schen Fakultät ein, wie es an den anderen Fakultäten üblich war. Ihre Mitkommilitoninnen hatten zum Teil schon ein anderes Berufsziel: Mathilde Merz schrieb rückblickend: «Ich wollte Pfarrer werden und alle kirchlichen Funktionen aus-üben.»[8]

Es immatrikulierten sich

ws 1917/18	Anna Bachmann
ws 1918/19	Irene von Harten, aus Warschau
ws 1919/20	Alice Aeschbacher
ws 1920/21	Mathilde Merz
	Annemarie Sanderson, aus Mitau, Lettland, für zwei Semester
ss 1924	Nelly Houriet, Neuchâtel, für zwei Semester
ws 1924/25	Dora Scheuner.

Fakultät und Kirche reagieren

Die *Fakultät* verstand die Anfrage von Anna Bachmann als prinzipielle Frage. Sie musste entscheiden, wie sie sich ge-genüber gleichen Begehren in Zukunft verhalten wolle. Sie entschied am 16. Oktober 1917 positiv im Sinn ihres Antwort-schreibens an Anna Bachmann. Diese erfüllte die reglementa-rischen Voraussetzungen für die Immatrikulation an der Uni-versität, sie hatte die Maturität mit Latein und Griechisch bestanden und war seit einem Semester immatrikulierte Stu-dentin an der phil. 1 Fakultät. Einen Hinderungsgrund gab es für die theologische Fakultät von der Voraussetzung her nicht. Schwierig war es dagegen im Blick auf das Berufsziel. Pfarrer

8   Dr. phil. Heidi Neuenschwander: Nachruf für Pfr. M. Merz, Zitat aus den Le-benserinnerungen von M. Merz.

konnte die Studentin nach dem Gesetz auch nach abgeschlossenem Studium nicht werden. Die Fakultät bestimmte[9]
darum die Professoren Lauterburg, Marti und Hadorn zur
weitern Prüfung des Studiums und der Examen für Pfarrhelferinnen (Anna Bachmann hatte diese Berufsbezeichnung in
ihrer Anfrage gebraucht). In der Sitzung vom 6. Dezember
1917 gaben sie Bericht und stellten einen richtungsweisenden
Antrag.[10] Sie hatten sich in Zürich und in Heidelberg über die
Regelung für Theologinnen informiert. Zürich hatte ein Fakultätsexamen ohne Zusammenhang mit der Konkordatsprü-
fungsbehörde, die die Pfarramtskandidaten prüfte, und ohne
Zweckbestimmung eingerichtet. Heidelberg dagegen verwies
die Studentinnen an die staatliche Prüfungsbehörde, die von
ihnen im wesentlichen die gleiche Prüfung wie von den
Studenten abverlangte, jedoch keine Predigt. Das Examen be-
rechtigte nicht zum Pfarramt, sondern zum kirchlichen Hilfs-
dienst. Die drei Professoren beantragten die Lösung Heidelberg: Examen vor der gleichen Prüfungsbehörde wie die
Studenten, gleiches Propaedeutikum, Staatsexamen von demjenigen der Kandidaten nur unterschieden durch – im
Schriftlichen und Mündlichen – religiöse Reden zu bestimmten Anlässen statt einer Predigt, Berechtigung zum Dienst als
Pfarrhelferin. Der Antrag wurde gutgeheissen mit der Gegen-
stimme eines Kollegen, der für die Lösung Zürich eintrat,
weil er befürchtete, Examen vor der gleichen Prüfungsbehörde könnten die Konsequenz haben, dass man «den Damen
bald auch die gleichen Rechte, d.h. das Pfarramt, gewähren
müsse».[11] Dem wurde entgegen gehalten, das Examen mit
dem Zweck des Diploms zum Dienst als Pfarrhelferin und
damit mit einem Berufsziel schliesse die befürchtete Konsequenz besser aus als ein Fakultätsexamen wie in Zürich ohne
bestimmte praktische Zielsetzung.

Damit die Frage der weiblichen Theologiestudierenden
und deren berufliche Zukunft von der Fakultät in die Kirche
getragen werde, die ja in erster Linie betroffen war, reichten

9   Fakultätsprotokoll vom 8. November 1917, StAB
10 Fakultätsprotokoll vom 6. Dezember 1917, StAB
11 Fakultätsprotokoll vom 6. Dezember 1917, StAB

die Professoren Karl Marti und Wilhelm Hadorn – weniger als zwei Monate nach der Immatrikulation der ersten Studentin – für die *Synode vom 12. Dezember 1917* folgende Motion ein:

«Die Synode ersucht den Synodalrat, Bericht und Antrag zu bringen, wie in grösseren Gemeinden, in denen die Aufgaben des Pfarramts die Kräfte eines einzelnen Pfarrers übersteigen, und im Blick auf besondere Aufgaben eine Ergänzung des kirchlichen Amtes als wünschbar erscheint, theologisch gebildete Pfarrhelferinnen angestellt werden können, und in welcher Weise ihre Tätigkeit dem kirchlichen Organismus anzugliedern sei.»

Beide Motionäre betonten in der Begründung in der Synode, es gehe nicht um selbständige weibliche Pfarrer und um kein Pfarramt für sie. Die Aufgabe der Kirche sei aber so gross, dass sie noch weitere «Hülfskräfte» nötig habe. Die Theologinnen, die jetzt schon im Studium seien, und von denen man ein vollständiges Hochschulstudium verlange mit Ausnahme der Predigt, könnten für besondere Aufgaben des Pfarramtes, hauptsächlich unter dem weiblichen Teil der Bevölkerung, verwendet werden. Hadorn wies auf die Tätigkeit der Frauen in der alten Kirche und auf die guten Erfahrungen mit den in der Kirche tätigen Frauen in Amerika und England hin, in der Quäkerbewegung und in der Heilsarmee.

Die Motion wurde nach kurzer Diskussion, in der der Synodalrat zur Vorsicht gemahnt und statt Hebräisch und Griechisch von den Studentinnen praktische Brauchbarkeit für Seelsorge und Krankenpflege gefordert wurde, mit grossem Mehr überwiesen.[12]

Jetzt war der *Synodalrat* gefragt. Er behandelte die Theologinnenfrage in mehreren Sitzungen. Vizepräsident des Synodalrates war ebenfalls Hadorn,[13] der den Rat über die Überlegungen der Fakultät orientierte und in der Sitzung vom 28. Mai 1918 einleitend ein ausführliches Referat hielt: «Über

12 Verhandlungen der Kirchensynode vom 12. Dezember 1917
13 Noch keine konsequente Gewaltentrennung zwischen Legislative und Exekutive in der Kirche. Hadorn war von 1918 bis 22 Präsident des Synodalrates.

das weibliche Theologiestudium und die Verwendung der Theologinnen im Dienst der Kirche».[14] Hadorn berief sich einerseits auf eine Arbeit von Leopold Zscharnack, ord. Professor für Kirchengeschichte in Breslau («Der Dienst der Frau in den ersten Jahrhunderten der christlichen Kirche», 1902), andererseits auf einen Artikel «Ministères féminins», erschienen im Organ der Neuenburger Kirche «L'Eglise Nationale» vom 25. Mai 1918, verfasst von Charles-Auguste Leidecker, Pfarrer in Bevaix und Redaktor des Blattes. Auf welchen Passus des Artikels Hadorn sich bezog, ist nicht ersichtlich. Leidecker informierte darin über das in Genf neu gegründete «Institut des ministères féminins» unter Leitung von Prof. E. Choisy und über dessen Arbeit über die Stellung der Frau in der Urgemeinde und den ersten Jahrhunderten der christlichen Kirche. Er beklagte darin die Verarmung der Kirche durch den Verlust der Dienste der Frauen, und er forderte dringend, an das Beispiel der Urkirche anzuknüpfen. Das entspreche den Grundsätzen des Evangeliums und sei gegenwärtig von höchster Aktualität, da durch den Krieg in den Nachbarländern der Tod zahlreicher Pfarrer zu beklagen sei und man den Dienst der Frau benötige. «La femme-pasteur est-elle plus anormale que la femme-avocat, la femme-médecin, la femme-professeur?»[15]

Hadorn ging nicht so weit. Er betonte erneut, es gehe in der überwiesenen Motion nicht um das eigentliche Pfarramt, sondern um «Hülfsarbeiterinnen» zur Leitung von religiösen Vereinen, Arbeit in Sonntagsschule und an admittierter Jugend, Seelsorge an weiblichen Gefangenen, Religionsunterricht an Schulen, charitative Arbeit. Die Prüfungskommission warte auf einen Auftrag des Synodalrates, habe sich aber schon Gedanken über mögliche Prüfungen gemacht. Hadorn schlug für die neue Kirchenordnung, die in Bearbeitung war, auch schon einen Passus als gesetzliche Grundlage für die Arbeit der zukünftigen Theologin vor.

14 Protokoll des Synodalrates vom 28. Mai 1918
15 «L'église Nationale» vom 25. Mai 1918, Bibliothèque des pasteurs, Neuchâtel

In der Diskussion missbilligte der Synodalrat das Vorgehen der Fakultät bei der Immatrikulation der ersten Theologiestudentin, «jetzt sei der Synodalrat verpflichtet, dieser auch eine Lebensstellung zu verschaffen».[16] Es wurde Wert darauf gelegt, dass die Studentinnen keine vollständige theologische Ausbildung erhielten: «Sonst wittert man, dass sie sich zum Pfarramt hinzudrängen».[17] Als Vorbildung wurde die Sekundarschule zum Teil als genügend betrachtet, Kenntnis von Hebräisch, eventuell von Griechisch, nicht für absolut nötig gehalten, eher Englisch. Gefordert wurde dagegen gründliche praktische Ausbildung. Hadorn hielt aber unabdingbar an Maturität und Griechisch fest. Man stellte fest: «Der Übertragung des Pfarramtes auf Frauenspersonen steht das Kirchengesetz entgegen, das nur das männliche Pfarramt kennt».[18] Trotzdem wünschte man eine theologische und exegetische Abklärung der Theologinnenfrage.

Eine Subkommission, bestehend aus Prof. Hadorn und den Synodalräten Pfr. Emil Ryser und Pfr. Emil Güder, Dr. med. Mützenberg und Pfr. Otto Lörtscher, kant. Armeninspektor, wurde zur Weiterarbeit eingesetzt mit der Anregung, eine «gebildete Frau» beizuziehen.

Am 9. Juli 1918 gab die Subkommission (eine «gebildete Frau» wurde nachweislich nicht beigezogen) ihre Postulate dem Synodalrat bekannt:[19]

Immatrikulation: Vorbedingung: Literar- oder Realmaturität.[20]
Propaedeutikum: NT-Exegese, Kirchengeschichte, Religionsgeschichte, Konfessions-, Kirchen- und Sektenkunde, Psychologie und Pädagogik.
Anmeldung zur Schlussprüfung: Ausweis über mindestens halbjährige praktische Betätigung in einem Hülfswerk und Besuch eines katechetischen und homiletischen Seminars.

---

16 Protokoll des Synodalrates vom 28. Mai 1918
17 ebenda
18 ebenda
19 Protokoll des Synodalrates vom 9. Juni 1918
20 Ab 20. Oktober 1920 auch Lehrerinnenpatent mit vor Fakultät abgelegter Lateinprüfung

Die geprüften Theologinnen sollten nur als Pfarrhelferinnen auf gewissen Gebieten der pfarramtlichen Tätigkeit in Betracht kommen.

Synodalratspräsident Emil Ryser hätte es für wichtiger erachtet, weibliche Hülfskräfte ohne akademische Ausbildung in genügender Zahl den Gemeinden zur Verfügung zu stellen, zum Theologiestudium würden sich sowieso immer nur wenige melden.

Der Beruf der Theologin wird definiert

1. *Die Kirchenordnung für die evangelisch-reformierte Kirche des Kantons Bern vom 17. Dezember 1918*

Die neue Kirchenordnung ersetzte die Gemeinde- und Predigerordnung von 1880 und wurde von den drei Pfarrern und Synodalräten Dr. Emil Güder, Dr. Emil Ryser und Ernst Rohr ausgearbeitet. Im ersten Entwurf, der den Kirchgemeinderäten und Pfarrämtern zur Stellungnahme bis Juli 1918 zugeschickt wurde, gab es keinen Passus, der die Theologinnen betraf. Es gab in der Vernehmlassung auch keine entsprechenden Rückmeldungen.

Prof. Hadorn hatte schon in der Synodalratssitzung vom 28. Mai 1918[21] den Vorschlag gemacht, einen von der Subkommission der Fakultät formulierten Passus in der neuen Kirchenordnung einzufügen, der die gesetzliche Grundlage für die Arbeit der Pfarrhelferin sein sollte:

«Wo es im Blick auf die Aufgaben an dem weiblichen Teil der Gemeinde wünschbar erscheint, ist es den Gemeinden gestattet, theologisch gebildete Pfarrhelferinnen anzustellen, die von der evangelisch-theologischen Prüfungskommission einen Fähigkeitsausweis erhalten haben.»

Basierend auf diesem Vorschlag enthielt der Entwurf der Kirchenordnung, der der Synode am 17. Dezember 1918 vorgelegt wurde, den Art. 57:

---

21 Protokoll des Synodalrates vom 28. Mai 1918

«Wo die religiösen, kirchlichen und sozialen Bedürfnisse in grössern städtischen und ländlichen Kirchgemeinden neben dem Dienst des geordneten Pfarramts für die Gebiete der Seelsorge an dem weiblichen Teil der Gemeinde, insonderheit an der weiblichen admittierten Jugend, der Seelsorge an den Gefängnissen, Spitälern und Anstalten, der Leitung von Sonntagsschullehrkursen und Jugendvereinen und des Religionsunterrichts an Mädchenschulen eine Ergänzung notwendig machen, wird den Kirchgemeinden empfohlen, theologisch gebildete Pfarrhelferinnen mit dieser Aufgabe zu betrauen.»

An der Synode wurden zwei bedeutsame Abänderungsanträge gestellt und angenommen: Auf Antrag von Prof. K. Marti wurde (mit 48 gegen 43 Stimmen) «Pfarrhelferin» durch «Gemeindehelferin» ersetzt, und auf Antrag von Pfr. Schläfli, Frutigen, wurde ausdrücklich vermerkt, dass die Anstellung einer Pfarrhelferin auf Kosten der Kirchgemeinde zu geschehen habe. Ein dritter Antrag von Pfr. Jakob Oettli, Derendingen: «Durch Beschluss der Kirchgemeinde kann eine Pfarrhelferin auch mit allen übrigen pfarramtlichen Funktionen betraut werden» wurde mit grossem Mehr abgelehnt, nachdem Prof. Hadorn im Namen des Synodalrates erklärt hatte, dass lange und gründliche Besprechungen nach Unterhandlungen mit Fakultät und Prüfungskommission Einigkeit ergeben hätten, im Kanton Bern die Frauen zum Pfarramt nicht zuzulassen.[22] So lautete denn der bereinigte Artikel wie folgt:

Art. 57: «Wo die religiösen, kirchlichen und sozialen Bedürfnisse in grössern städtischen und ländlichen Kirchgemeinden neben dem Dienst des geordneten Pfarramts für die Gebiete der Seelsorge an dem weiblichen Teil der Gemeinde, insonderheit an der weiblichen admittierten Jugend, der Seelsorge an den Gefängnissen, Spitälern und Anstalten, der Leitung von Sonntagsschullehrkursen und Jugendvereinen und des Religionsunterrichts eine Ergänzung notwendig machen, wird den Kirchgemeinden gestattet, auf ihre Kosten theologisch gebildete Gemeindehelferinnen mit dieser Aufgabe zu betrauen.»

22 Verhandlungen der Kirchensynode vom 17. Dezember 1918

2. Aus «Pfarrhelferin» wird «Gemeindehelferin»

Ob diese durch Prof. K. Marti beantragte Änderung in der
Synode begründet und ob darüber diskutiert wurde, geht aus
dem Synodeprotokoll nicht hervor. Es liegt jedoch ein persönlicher Brief von Marti vom 13. Juli 1918 an Hadorn vor,
worin er diesem seine Bemerkungen zu einem Entwurf des
Synodalrats als Antwort auf die Motion Marti / Hadorn, in
den ihn Hadorn hatte Einblick nehmen lassen, mitteilt. Marti
schreibt, er sei noch nicht zu ganz klarem Schluss gekommen.
Zweierlei stehe fest: Es gebe weibliche Theologiestudentinnen, und in der Gemeinde gebe es Aufgaben, die weibliche
Kräfte besser erfüllen könnten als Männer. Das Ziel sei darum
ein anderes als das bisher geordnete Pfarramt, und darum ent-
spräche «Gemeindehelferin» dem Anliegen besser als «Pfarrhelferin».[23] Den Ansatz zum neuen Beruf sah er also in der
Gemeinde und bei deren nicht gestillten Bedürfnissen, er sah
ihn nicht bei den Aufgaben des Pfarrers, die auch von Frauen
auf ihre Weise übernommen werden könnten, und nicht im
ernsthaften Wunsch der Studentinnen, mit einbezogen zu
sein in den Dienst der Verkündigung. Marti war den Theologiestudentinnen gegenüber durchaus positiv eingestellt, er
stellte an sie hohe Anforderungen, sie sollten «wirklich theologisch gebildete» Gemeindehelferinnen werden, Maturität
und alte Sprachen waren für ihn unabdingbar. Aber ihr Studium und ihre Prüfungen sollten im Blick auf ihren zukünftigen Beruf in aller Freiheit neu geregelt werden.

Seine Sicht fand in der Synode die Mehrheit.

So erhielten die Theologinnen mit abgeschlossenem Studium ein Diplom als «Gemeindehelferin», das sie ermächtigte, ihren Beruf gemäss Art. 57 der Kirchenordnung vom
17. Dezember 1918 auszuüben.

---

23 Brief vom 13. Juli 1918 von Prof. K. Marti an Prof. W. Hadorn, StAB, Akten Synodalrat, Schachtel «B 151»

3. Der Abschnitt V des Prüfungsreglementes: «Prüfungen für weibliche Theologiestudierende.»

Irene von Harten

Im Frühling 1919 begann für Anna Bachmann das vierte Studiensemester, Irene von Harten kam ins zweite Semester. Beide wussten noch nicht, welche Prüfungen sie abzulegen hatten, obschon sich die Prüfungskommission schon ein Jahr zuvor darüber Gedanken gemacht und der Synodalrat im Sommer 1918 darüber beraten hatte. Verzögernd hatte dabei auch der Umstand gewirkt, dass die theologischen Prüfungsreglemente von 1894, auch auf Wunsch der Studierenden, einer Revision unterzogen werden mussten. Jetzt drängte die Zeit.

Inzwischen waren durch die Inkraftsetzung der Kirchenordnung auf den 1. Januar 1919 das Berufsbild und der Aufgabenbereich der Gemeindehelferin festgelegt und ihr Amt als ein innerkirchliches, finanziell von den Gemeinden getragenes, definiert. Die Prüfungen sollten demnach zu einem Fähigkeits-Ausweis für die Gemeindehelferin mit theologischer Schulung führen.

So überwies der Synodalrat der Prüfungskommission für ihre Sitzung vom April 1919 einen von ihm einstimmig genehmigten Reglementsentwurf, der als Abschnitt V in das «Reglement vom 16. Mai 1894 über die Prüfung der Kandidaten für den Dienst der evangelisch-reformierten Kirche des Kantons Bern» aufgenommen werden sollte:

«V. Prüfungen für weibliche Theologiestudierende»[24]
(Vergleich mit dem Prüfungsreglement für die männlichen Studierenden)

a Die *Voraussetzungen zur Immatrikulation* waren für männliche und weibliche Kandidaten gleich: Maturität und drei alte Sprachen, wobei Ergänzungsprüfungen in Griechisch und Hebräisch spätestens ein Semester vor der ersten Prüfung abzulegen waren. Ein Nachtrag vom 20. Oktober 1920 erlaubte den Frauen auch die Immatrikulation aufgrund des bernischen Lehrerinnenpatentes und einer vor

24 Vom Regierungsrat am 27. September 1919 in Kraft gesetzt.

der Fakultät abgelegten Ergänzungsprüfung in Latein. Für Griechisch und Hebräisch galten die gleichen Bestimmungen wie bei den Kandidatinnen mit Maturität.

b Voraussetzung für die *Erste Prüfung (Propaedeutikum)* waren für männliche und weibliche Kandidaten mindestens vier mit allen vorgeschriebenen Fächern (auch Geschichte der Philosophie) belegte Studiensemester.

Die Kandidatinnen wurden jedoch – im Unterschied zu den Kandidaten – weder schriftlich noch mündlich in Philosophiegeschichte geprüft.

c Voraussetzung für die *Zulassung zur Zweiten Prüfung* war – im Unterschied zum mindestens vierjährigen Studium der Kandidaten – der Ausweis über ein mindestens dreijähriges Hochschulstudium. Die zu belegenden Fächer waren die gleichen bei Kandidaten und Kandidatinnen, aber die Frauen hatten sich nicht über den Besuch der homiletischen und katechetischen Übungen auszuweisen. Weiter hatten die Kandidatinnen keine wissenschaftliche Abhandlung (Akzessarbeit) vorzulegen.

d *Der theoretische Teil der Zweiten Prüfung* wurde bei den Kandidatinnen nur mündlich abgenommen (keine Klausuren in AT- und NT-Exegese und Theologie, keine in systematischer Theologie). Dogmengeschichte, Dogmatik und Ethik – obwohl zu belegende Fächer – wurden bei ihnen nicht geprüft. Statt praktische Theologie wurde bei den Kandidatinnen die Kenntnis der christlichen Liebestätigkeit geprüft.

e *Der praktische Teil der Zweiten Prüfung* unterschied sich von derjenigen der Kandidaten, indem im schriftlichen Teil ein Entwurf für eine reigiöse Ansprache (nicht Predigt) auszuarbeiten war, dagegen kein Entwurf für eine Katechese. Im mündlichen Teil war (wie für Kandidaten) eine Probelektion zu halten und (statt Predigt) eine «Ansprache» über ein religiöses Thema.

f Anders als die Kandidaten, die nach der Prüfung sogleich die Empfehlung zur Aufnahme in den Kirchendienst erhielten, hatten die Theologinnen den Ausweis über ein halbjähriges Praktikum in Kranken- oder Gemeindepflege oder Schuldienst zu erbringen, um von der Prüfungskommission das *Diplom einer Gemeindehelferin zu erhalten.*

Die Meinungen in der Prüfungskommission waren geteilt: die einen stellten sich gegen ein volles theologisches Studium, das keinesfalls die Zustimmung von Synodalrat und Synode haben würde, die andern waren der Überzeugung, «hochgesinnten, begabten Frauen» dürfe «nicht nur etwas Halbbatziges geboten werden»,[25] sondern auch Glaubenslehre und Grundprobleme der Philosophie. Trotzdem wurde das Reglement von der Kommission einstimmig genehmigt und dem Synodalrat zur Weiterarbeit überwiesen.

Dieses Prüfungsreglement liegt je in der Handschrift der Professoren Marti und Hadorn und in derjenigen von Synodalrat E. Güder vor.[26] Der Text von Marti ist datiert vom 28. April 1919, die andern sind undatiert. Im Text von E. Güder ist in der Handschrift von Hadorn ein § 28 eingefügt, der ursprünglich in allen drei Texten fehlt:

§ 28: «Es steht den Kandidatinnen frei, die erste Prüfung und die theoretische Prüfung nach den Bestimmungen für die Kandidaten des Predigtamtes zu absolvieren.»

Wie kam diese «inkonsequente»[27] (K. Guggisberg) freie Examenswahl zustande?

Anna Bachmann berichtet im Rückblick: «Fräulein von Harten und mir blieb – es war im Sommer 1919 – nichts anderes übrig, als unsern Professoren zu erklären, wenn uns nicht die vollen wissenschaftlichen Examina gestattet würden, so verzichteten wir auf ein weiteres Studium in Bern, denn in allen andern Fakultäten stünden die weiblichen Studierenden wissenschaftlich auf derselben Linie wie ihre Kollegen. So gelang es zu unserer Freude, die Erlaubnis für das Examen der Theologen in wissenschaftlicher Hinsicht zu erlangen, indem wir es freiwillig machen durften, aber darein einwilligten, zu

25 Protokoll der Prüfungskommission vom 22. April 1919, StAB
26 StAB, Akten Synodalrat, Schachtel «B 151»
27 K. Guggisberg, «Bernische Kirchenkunde», S. 304

den Bedingungen des niedrigeren Examens als Gemeindehelferinnen angestellt zu werden.»[28]

Es ist bemerkenswert, dass die beiden Studentinnen damals nicht am in der Kirchenordnung gezeichneten Berufsbild der Gemeindehelferin rüttelten. Es entsprach ja auch weitgehend demjenigen im Gesuch von Anna Bachmann um Immatrikulation. Auch Irene von Harten schrieb im gleichen Sinn noch 1926: «Ich persönlich sehe keine andere Lösung der Frage der Theologinnen als die, dass wir dahingestellt werden, wo unsere eigentliche Bestimmung und Begabung liegt: In stille Arbeit unter Menschen, besonders Frauen und Kindern. Der Verzicht auf leitende (nicht aber selbständige) Posten in der Gemeinde kann nur Verinnerlichung und Gewinn für die Arbeit bedeuten.»[29] Die beiden hielten aber auch für eine Gemeindehelferin das ganze wissenschaftliche Studium und die entsprechenden Prüfungen für nötig. Anna Bachmann: «Erziehungslehre ohne Ethik ist wissenschaftlich schwerlich genügend fundiert, Symbolik als Kirchen- und Sektenkunde ohne Dogmengeschichte und Dogmatik ein kopfloses Gebilde.»[30] Dass sie nicht das gleiche praktische Examen wie die männlichen Kollegen ablegen durften, das Voraussetzung fürs Pfarramt war, nahmen sie an. Ihr erstes Ziel war die volle Gleichberechtigung in den wissenschaftlichen Examina, und das erreichten die beiden Studentinnen für alle nachfolgenden Kolleginnen. Denn *mit Ausnahme von zwei Studentinnen legten alle Theologinnen bis 1957, als der Abschnitt «Prüfungen für weibliche Theologiestudierende» ausser Kraft gesetzt wurde, aufgrund von § 28 die gleichen wissenschaftlichen Examen wie die Studenten ab.*

Nun war auch der Staat gefragt, denn die beschlossene Prüfungsordnung sollte als Abschnitt v ins staatliche Prüfungsreglement aufgenommen und die Prüfungen sollten von der staatlichen Prüfungsbehörde abgenommen werden.

28 A. Bachmann: «Bericht über die berufliche Ausbildung und Anstellungsmöglichkeit Bernischer Theologinnen», Bern 1926, Gosteli-Archiv.
29 Irene von Harten, schriftliche Aufzeichnung ihres Studienganges, April 1926
30 A. Bachmann: «Bericht über die berufliche Ausbildung und Anstellungsmöglichkeit Bernischer Theologinnen», Bern 1926, Gosteli-Archiv.

Die entsprechenden Anträge an den Regierungsrat formulierte der Synodalrat in einem Brief, der im durch den Synodalrat korrigierten Entwurf undatiert vorliegt und im Juli / August 1919 an die Kirchendirektion weitergleitet wurde.[31] Darin legte er die bisherige Entwicklung der Theologinnenfrage ausführlich dar. Er unterstützte im Brief eine gründliche theologische Ausbildung, keine «Theologie in Auswahl», die die Studentinnen nicht befriedige, und er legte dar, dass die Dienerinnen der Kirche, die ja nicht fürs Pfarramt ausgebildet würden, für den Staat, weil von der Kirchgemeinde zu entlöhnen, keine finanzielle Mehrbelastung bedeuten werden. Wörtlich fuhr er fort:

«Prinzipiell verwerfen wir nach dem Grundsatz ‹mulier taceat in ecclesia› das weibliche Pfarramt, die Pfarrerin. Wir wollen keine Frauen auf der Kanzel. Deswegen denken wir auch nicht an die Ausbildung von weiblichen Pfarrern, Vikaren und Pfarrhelferinnen, sondern ausschliesslich an Gemeindehelferinnen, deren Dienst durch die Bestimmungen des § 57 der Kirchenordnung genau umschrieben wird. In unsern Stadt- und grossen Landgemeinden ist mehr als genug Arbeit für solche Gemeindehelferinnen. Wenn durch ihre Arbeit der Pfarrer nebenbei auch etwas entlastet würde für seine eigentliche Aufgabe, die Verkündigung des Wortes Gottes, so ist das nur zu begrüssen.»

Durch *Beschluss des Regierungsrates vom 27. September 1919* wurde das Prüfungsreglement für die Kandidaten für den Dienst der evangelisch-reformierten Kirche des Kantons Bern provisorisch (im Blick auf die nötige Revision) durch den *Abschnitt V «Prüfungen für weibliche Studierende»* ergänzt, und die evangelisch-theologische Prüfungskommission wurde ermächtigt, die Prüfungen von weiblichen Theologiestudierenden für den Dienst als Gemeindehelferinnen abzunehmen.

Ihr Studium schlossen mit dem Schlussexamen ab:
Frühling 1923   Irene von Harten, (§ 28)
Herbst   1923   Alice Aeschbacher, (nach dem Prüfungs-
                reglement für Theologinnen)

31   StAB, Akten Synodalrat Schachtel «B 151»

Frühling 1924   Anna Bachmann; (§28)
Frühling 1925   Mathilde Merz; (§28)

Das Diplom als Gemeindehelferin wurde ihnen nach dem halbjährigen Praktikum ausgehändigt:
Herbst   1923   Alice Aeschbacher
Herbst   1924   Irene von Harten
Winter   1924/25 Anna Bachmann
Frühling 1925   Mathilde Merz

Mathilde Merz

Für die Examina von Mathilde Merz galt schon das 1921 revidierte Prüfungsreglement, wobei der Abschnitt v für Theologinnen provisorisch weiterhin in Kraft blieb. Auf ihr Propaedeutikum hatte das revidierte Reglement keine Auswirkung. Hingegen waren jetzt die Fächer Pädagogik und praktische Theologie vom theoretischen Teil in den praktischen Teil des Abschlussexamens verlegt, den die Studentinnen nach dem Reglement für Theologinnen abzulegen hatten. Demnach wären sie in den beiden Fächern nicht mehr geprüft worden. Das hätte ihnen jedenfalls für eine Anstellung im Unterricht und im Schuldienst geschadet. Mathilde Merz erreichte von der Prüfungskommission, dass sie die fehlenden Fächer trotzdem ablegen konnte, und auf Bitten der Theologinnen fügte die Prüfungskommission im Sommer 1925 dem Reglement folgenden Beschluss bei:

«Die Kandidatinnen, welche nach §28 ... die erste Prüfung und den theoretischen Teil der zweiten Prüfung nach den Bestimmungen für die Kandidaten des Predigtamtes absolvieren, haben die ... Prüfungen in Kirchen- und Sektenkunde, sowie in Erziehungslehre und in Kenntnis der christlichen Liebestätigkeit in Verbindung mit der praktischen Prüfung zu bestehen.

Statt der schriftlichen Behandlung eines Bibeltextes für eine religiöse Ansprache kann der schriftliche Entwurf zu einer Katechisation gefordert werden.»
(Letzteres ist nachweislich nie geschehen.)

So unterschied sich das Examen der Kandidatinnen, die sich auf §28 beriefen, von demjenigen der Kandidaten bis

1957 nur noch dadurch, dass die Theologinnen keinen schriftlichen Katechese-Entwurf abfassen durften. (Die «religiöse Ansprache» wurde im Protokoll der Prüfungskommission seit dem Examen von Mathilde Merz auch als «Predigt» aufgeführt und taxiert.)[32]

Das bedeutete für die Theologinnen einerseits, dass sie – «ratend und helfend von den Professoren unterstützt»[33] – in wissenschaftlicher Hinsicht die Gleichberechtigung mit ihren Kollegen erreicht hatten. Der Dekan der theologischen Fakultät bestätigte dies 1925 in der Antwort auf eine Anfrage der «International Federation of University Women»: die Theologinnen mit absolviertem vollen wissenschaftlichen Teil des Staatsexamens können zum Licentiatsexamen zugelassen werden.[34]

Andererseits war damit – wie von Synodalrat und Mitgliedern der Prüfungskommission und der Fakultät gewünscht – erreicht, dass die Theologinnen im praktischen Teil nicht das volle Staatsexamen wie die Kandidaten für das Predigtamt ablegen konnten und somit – vom Examen her – für das Predigtamt auch nicht empfohlen werden konnten.

4. *Regulativ für die Anstellung von Gemeindehelferinnen,*
   erlassen von der Kirchenverwaltungskommission
   der Stadt Bern, vom 23. November 1924,
   und das Tätigkeitsprogramm

Im Frühling 1925 hatten vier Theologinnen das Diplom als Gemeindehelferin, aber es gab für sie keine Stelle.

Zwar hatte die Kirchenverwaltungskommission der Stadt Bern aufgrund eines Beschlusses der Gesamtkirchgemeinde vom November 1924 ein für zwei Jahre provisorisches Regulativ für die Anstellung von Gemeindehelferinnen aufgestellt. Dieses wies den Kirchgemeinderäten die Kompetenz zu, Stellen (eventuell in Verbindung mit andern Gemeinden) zu errichten und diplomierte Kandidatinnen zu wählen. Die Ge-

32 Protokoll der Prüfungskommission StAB, «BB III b 1253»
33 A. Bachmann: «Bericht über die berufliche Ausbildung und Anstellungsmöglichkeit Bernischer Theologinnen», Bern 1926, Gosteli-Archiv.
34 ebenda

wählten mussten sich vorerst für ein Jahr verpflichten und vollzeitlich arbeiten. Sie hatten Anrecht auf drei Wochen Ferien und einen Jahreslohn von Fr. 4000.– bis maximal Fr. 5000.–, ohne Pensionsberechtigung. Der Kirchgemeinderat hatte ihnen eine Begleitkommission aus Frauen und Männern beizugeben, ein Muster für ein Tätigkeitsprogramm stellte die Kirchenverwaltungskommission den Gemeinden zur Verfügung. Darin war die Haupttätigkeit der Gemeindehelferin definiert als *«kirchliche Diakonie am weiblichen Geschlecht und Sonntagsschularbeit».*[35]

Im Mai 1925 wurde – laut Anna Bachmann dank den Bemühungen von Prof. W. Hadorn – die *erste Gemeindehelferinnen-Stelle für die drei Gemeinden Münster, Nydegg und Johannes* geschaffen. Als Gemeindehelferin wurde auf den 1. Juni 1925 *Alice Aeschbacher* gewählt.

Im Herbst 1925 folgte eine weitere Stelle an der Friedenskirchgemeinde. Sie wurde mit Mathilde Merz besetzt.

Als Beispiel des Aufgabenbereiches der Gemeindehelferin seien hier aus dem Tätigkeitsprogramm von Alice Aeschbacher die vier Schwerpunkte aufgeführt:[36]

1. Seelsorge an den weiblichen Gliedern der drei Kirchgemeinden, besonders an Kranken, Alten, Vereinsamten, Gefangenen.

2. *Mitarbeit an der schulpflichtigen weiblichen Jugend,* Sonntagsschularbeit, Beschäftigung mit unbeaufsichtigten Kindern, Sonntagsspaziergänge mit ihnen, Nachhilfe in Unterricht und Unterweisung für kränkliche oder sonst nachhilfsbedürftige Kinder. Übrige Unterweisung und Kinderlehre nur stellvertretungsweise.

3. *Fürsorge für die schulentlassene weibliche Jugend,* Mithilfe bei Platzierung in Berufslehre oder Welschland in Fühlung mit Berufsberatung und landeskirchlicher Stellenvermittlung, Sammlung konfirmierter Töchter zu gesunder Gemeinschaft und Geselligkeit, besondere Fürsorge für Alleinstehende und Gefährdete.

---

35 Gosteli-Archiv, Theologinnen, Regulativ für die Anstellung von Gemeindehelferinnen
36 Gosteli-Archiv, Theologinnen, Tätigkeitsprogramm

4. *Weckung des Verständnisses und Interesses der Kirchgenossen*
für die besonderen Fragen und Aufgaben des weiblichen
Geschlechtes in Familie, Schule und Gemeinde.

Die Gemeindehelferin hatte sich nach Kräften zu bemühen,
den Bedürfnissen der drei Kirchgemeinden und ihrer Pfarrämter gleichmässig zu entsprechen.

Es ist verständlich, dass ein solches Pflichtenheft die «theologisch gebildete Gemeindehelferin» auf die Dauer nicht be-
friedigen konnte.

Aus Alice Aeschbachers jährlich vorzulegenden Arbeitsbe-
richten:[37]

Alice Aeschbacher

– «Es ist für eine Kraft zu viel, diese drei grossen Gemeinden. Sie erlauben ein rechtes, konzentriertes und befrie-
digendes Arbeiten nicht. Man kommt sich dann und
wann vor wie ein Ball, um den sich verschiedene Parteien
balgen.»
– «Wie gross ist der Wunsch nach einer eigenen Unterwei-
sungsklasse geworden! Wäre es nicht möglich, der Gemeindehelferin eine eigene Klasse zu geben, damit sie in
ihren vielen Aushülfsarbeiten eine feste, eigene selbständige Aufgabe und Pflicht hat?… das ist aber schwer zu ver-
wirklichen, so lange uns die Konfirmation verboten ist.»
– Die Sprechstunden sind wenig besucht. Das liegt vor
allem darin, «dass in der Bekanntmachung im Anzeiger
… stand, dass wir vor allem für Seelsorge da seien. Diese
rein religiöse Tätigkeit wird aber deshalb wenig verlangt,
weil gerade in den untern Schichten die materielle Not
im Vordergrund steht. …Wenn es aber heisst, dass für
Unterstützung nach wie vor die Pfarrer da sind, so wenden sich die Leute eben direkt dorthin … Liesse sich nicht
ein Weg suchen, auch der Gemeindehelferin eine grössere Armenkasse zur Verfügung zu stellen? Freilich wird mir
jährlich von den acht Pfarrämtern aus deren Armengeld je
Fr. 20.–, zusammen eine Summe von Fr. 160.–, als Ar-

37 Zitate aus den Jahresberichten von Alice Aeschbacher, 1925–1929, zur Verfügung gestellt von Pfr. U. Ott

mengeld gegeben, aber das reicht nicht weit auf diesem grossen Arbeitsfeld.»

– «Im Mattenheim hielt ich einmal für Herrn Suter (wohl Heimleiter) die Abendpredigt. Hier möchte ich den Wunsch äussern, doch zu erwägen, ob nicht in Zukunft die Gemeindehelferin zur regelmässigen Mithilfe heranzuziehen sei. Ich hörte diesen Wunsch da und dort von Frauen an der Matte äussern.»

In einem Referat an einer Tagung der Berner Frauen zu Stadt und Land (Datum nicht bekannt),[38] beurteilt sie «die Arbeit als Gemeindehelferin, wie sie jetzt besteht», als «eine Halbheit, zu viel soziale und zu wenig theologische Arbeit. Predigt ist höchstens als Gottesdienst in Spital oder Anstalt erlaubt. Unterweisung nur als Stellvertretung ... Keine Funktion ist gestattet (Trauung, Taufe, Beerdigung, Abendmahl austeilen). Wie oft hält, gerade auf dem Lande, der Lehrer das Leichengebet. Warum soll die Theologin dazu unfähig sein?»

Nach Ablauf des zweijährigen Provisoriums reichten die Theologinnen 1927 auf Anregung von Prof. W. Hadorn[39] der Kirchenverwaltungskommission ihre Abänderungswünsche für Regulativ und Tätigkeitsprogramm der Gemeindehelferinnen ein. Federführend war jetzt Mathilde Merz, Mitunterzeichnerinnen waren Alice Aeschbacher, Anna Bachmann und cand. theol. Dora Scheuner. Irene von Harten, die sich als Ausländerin keine Anstellung in der Schweiz erhoffen konnte, war schon nach ihrem theoretischen Schlussexamen endgültig nach Deutschland übergesiedelt.

Die Theologinnen wünschten den Hauptakzent ihrer Arbeit auf Seelsorge, nicht auf sozialer Arbeit. Sollte die Berner Kirche von den Gemeindehelferinnen rein soziale Arbeit wünschen, verwiesen sie auf die Schülerinnen der sozialen Frauenschule in Zürich. Die Theologinnen wünschten kon-

---

38 Kopie zur Verfügung gestellt von Pfr. U. Ott
39 A. Bachmann: «Bericht über die berufliche Ausbildung und Anstellungsmöglichkeit Bernischer Theologinnen», Bern 1926, Gosteli-Archiv, und M. Speiser «Fünfzig Jahre Theologinnen in der Schweiz», 1969, Referat anlässlich der Versammlung des Schweiz. Theologinnen-Verbandes, Seite 6.

zentrierte Arbeit in einer einzigen Gemeinde, mehr selbst-
ständige Arbeit, vor allem eigene Kinderlehr- und Unterweisungsklassen, eigene selber zu verwaltende Armengelder, und
sie zeigten neue Arbeitsgebiete für Seelsorge auf: weibliche
Gefangene, Patientinnen des Frauenspitals und der psychia-
trischen Kliniken. Und sie stellten die Frage nach Pensionsberechtigung. Die Revision ging weder auf die Beschränkung
der Arbeit auf eine einzige Kirchgemeinde, noch auf die
Übernahme eigener Unterweisungsklassen ein. Sie fasste die
Haupttätigkeit der Gemeindehelferin allgemeiner als «*Dienst
am weiblichen Geschlecht*», fügte dem Tätigkeitsprogramm Bibelstunden und Andachten bei und erhöhte den Jahreslohn
um Fr. 1000.–.

Alice Aeschbacher kündigte ihre Stelle auf den 30. September 1929, Mathilde Merz auf 1931. Beide Stellen wurden
nicht mehr durch Theologinnen besetzt.

Die Johannes-Gemeinde, in der Karl von Greyerz als Pfarrer wirkte, der den Theologinnen gegenüber positiv eingestellt war und im Winter 1924/25 Mathilde Merz als Prak-
tikantin aufgenommen und gefördert hatte, ging auf den
Wunsch der Theologinnen auf Konzentration der Arbeit ein
und schuf ihrerseits eine eigene Stelle für eine Gemeindehelferin – in Ablösung von der gemeinsamen Stelle mit der
Nydegg- und Münstergemeinde –, die Dora Scheuner im Dezember 1929 antrat.

Aus «Gemeindehelferin» wird wieder «Pfarrhelferin»

Gleichzeitig mit der Eingabe an die Kirchenverwaltungskommission richteten die vier Theologinnen am 27. Oktober 1927
das Gesuch an den Synodalrat, den offiziellen Namen «Gemeindehelferin» für Theologinnen wieder in «Pfarrhelferin»
abzuändern, in Abgrenzung gegenüber Absolventinnen der
sozialen Frauenschulen und deren andersgearteter Tätigkeit.[40]

Der Synodalrat antwortete, dass diese Änderung eine Abänderung der Kirchenordnung bedeute und somit in die Kompetenz der Synode falle, aber für die Synode vom 6. Dezember

40 Brief der Theologinnen vom 27. Oktober 1927, Gosteli-Archiv

1927 nicht traktandiert sei. Er befürworte das Gesuch und werde versuchen, wenn möglich doch in der kommenden Synode einen entsprechenden Antrag zu stellen. Dem an sich sehr entgegenkommenden Brief fügte der Synodalrat den Schlusssatz bei:

«Wir benutzen den Anlass, Sie dringend zu ermahnen, sich genau an den zitierten Art. 57 der Kirchenordnung zu halten, der das Arbeitsgebiet der Gemeindehelferinnen umschreibt und begrenzt, und nicht Funktionen anzukündigen (Predigten), noch sich Titel beizulegen (V.D.M.), zu denen Sie nicht berechtigt sind.»[41]

Tatsächlich stellte Synodalrat Oberrichter Dr. P. Wäber bei der Behandlung des Geschäftsberichtes des Synodalrates in der Synode den Antrag, im Art. 57 der Kirchenordnung die Bezeichnung «Gemeindehelferin» durch «Pfarrhelferin» zu ersetzen. Er begründete den Antrag damit, dass man sich unter einer Gemeindehelferin ebenso gut eine Gemeinde-Krankenpflegerin vorstellen könne wie eine theologisch ausgebildete Hilfskraft. Die Synode stimmte ohne Diskussion bei drei Gegenstimmen dem Antrag zu, und damit lautete der Schluss des Art. 57 der Kirchenordnung (ohne vorherige Traktandierung!) ab 1927 jetzt:

Art. 57 «...wird den Kirchgemeinden gestattet, auf ihre Kosten theologisch gebildete Pfarrhelferinnen mit dieser Aufgabe zu betrauen.»[42]

Das Diplom wurde den Theologinnen aber weiterhin auf «Gemeindehelferin» ausgestellt. Zwei Theologinnen zerrissen nach Empfang das so lautende Diplom aus Enttäuschung und Wut.[43]

Erst ein im Wortlaut typischer Brief von Dora Scheuner an Prof. Max Haller, Präsident der Prüfungskommission, vom 20. Oktober 1948 (!) korrigierte endlich nach zwanzig Jahren den Fehler: «... ich bemerkte, dass der Ausweis noch aus jener Zeit stammt, wo wir offiziell den Titel «Gemeindehelferin»

41 Brief des Synodalrates vom 23. November 1927, Gosteli-Archiv
42 Verhandlungen der Kirchensynode vom 6. Dezember 1927
43 Ausgefüllte Fragebogen von Eugénie von Matt-Elsässer und Martha Stuber

trugen. Seither hat ihn die Synode auf «Pfarrhelferin» abgeändert, da die Jungfrauen von Zürich (Soz. Frauenschule) offiziell Gemeindehelferin heissen. Da nun ein Neudruck nötig ist, so wäre es wohl an der Zeit, hier den jetzt gültigen Titel einzusetzen, wie ihn auch das neue Kirchengesetz enthält.»[44]

Von Herbst 1948 an lautete somit das Diplom auf «Pfarrhelferin», im übrigen war es das gleiche Formular wie bisher für Gemeindehelferinnen, ebenfalls nach § 57 der Kirchenordnung vom 17. Dezember 1918.

SAFFA 1928

Die erste Schweizerische Ausstellung für Frauenarbeit (SAFFA) fand vom 26. 8.–30. 9. 1928 auf dem Viererfeld in Bern statt. Die Vorbereitungen dafür begannen drei Jahre zuvor auf Initiative der drei Frauenverbände: Bund Schweizerischer Frauenvereine (BSF), Schweizerischer Frauengewerbeverband und Schweizerischer Katholischer Frauenbund. Die Ausstellung sollte zeigen, was Frauen bisher schon leisteten und wozu sie fortan imstande und fähig seien. Sie rüttelte mit ihrem Inhalt am Bild der edelgesinnten, dienenden Frau und stiess dadurch – auch in kirchlichen Kreisen – zum Teil auf Skepsis bis Spott. Planung, Organisation und Durchführung lagen ausschliesslich in Frauenhand, während Ehrenpräsident Bundesrat Schulthess war und im bernischen Ehrenkomitee der Regierungspräsident, der Stadtpräsident, der Burgerratspräsident und der Präsident des Schweizerischen Gewerbeverbandes (als Ehrenherren, nicht Ehrendamen!) sassen. Statt der erwarteten 60'000 Besucher strömten 800'000 in die Ausstellung, und zum Schluss blieb ein Reingewinn von Fr. 550'000.– übrig. Davon wurde mit Fr. 350'000.– die noch heute aktive Bürgschaftsgenossenschaft SAFFA gegründet zur beruflichen Förderung und finanziellen Beratung von Frauen.[45] Der Erfolg der Ausstellung gab den Frauen ein neues Stück Selbstbewusstsein und eine gestärkte Identität, und er bewirkte Achtung auch bei den Männern, sogar bis in

44 StAB, Korrespondenz Prüfungskommission, «BB III b»
45 8 Schriften zur SAFFA, Orell-Füssli, Gosteli-Archiv

die Synode vom 4. Dezember 1928. Deren Präsident, Pfr. H. Wäber, anerkannte in seinem Rückblick die im gleichen Jahr durchgeführte würdige Reformationsfeier, musste aber gestehen, dass sie kein Anstoss zu neuem Leben in den Kirchen geworden sei. Er fuhr fort: «Wir haben diesen Sommer die schweizerische Ausstellung der Arbeit der Frau gesehen, die SAFFA, die wohlgelungen und fein durchgeführt worden ist und beigetragen hat, die Frauenwelt aufzuwecken und ihre Wertschätzung bei der Männerwelt zu erhöhen. Es hat kürzlich jemand gesagt, eine derartige geistige Bewegung, wie von der SAFFA, hätte auch von unserer Reformationsfeier ausgehen sollen. Ich sage, das scheint mir richtig zu sein, und wenn das der Fall gewesen wäre, so wäre die SAFFA doch nicht so ganz an der Kirche vorbei gegangen.»[46]

1. Information und Austausch

Anders als an der 2. Saffa 1958 in Zürich trat die Kirche an der Ausstellung von 1928 nicht in Erscheinung. Aber die Theologinnen stellten im Rahmen der Vereinigung Berner Akademikerinnen ihren Studiengang, ihre Examen und ihre Arbeitsmöglichkeiten vor. Anna Bachmann arbeitete bei den Vorbereitungen mit. Die dabei nötigen Abklärungen im schweizerischen und im internationalen Umfeld hatten letztlich sowohl zur Auskunft der Fakultät über die wissenschaftliche Anerkennung der Examen nach §28 z.H. der «International Federation of University Woman», wie auch zum Gesuch um Namensänderung zu «Pfarrhelferin» und zum Gesuch um Revision des Regulativs und des Tätigkeitsprogramms für Gemeindehelferinnen geführt. Denn die Informationsarbeit deckte die Benachteiligung der Berner Theologinnen auf: es gab nur hier in Bern ein besonderes «kleines» Examen für weibliche Studierende, in Zürich und Basel waren die Fakultätsexamen der Frauen anforderungsmässig gleich den Konkordatsexamen der Männer, und in Zürich und in der französischen Schweiz durften die Pfarrhelferinnen im Einverständnis mit dem Kirchgemeinderat sämtliche pfarramtlichen Funktionen ausüben, während die Möglichkeiten der Bernerinnen eng beschränkt blieben.

2. *Die Theologinnen formulieren ihr Selbstverständnis*
Die SAFFA bot ein reiches kulturelles Beiprogramm an mit Konzerten, Vorträgen, Lesungen und Feiern. Am Bettagmorgen sprach auf dem Ausstellungsgelände Maria Waser über «Die Sendung der Frau». Am Abend fand ein öffentliches Konzert im Münster statt. Einzig hier plante die Saffaleitung das Mitwirken einer Theologin. Die angefragten Zürcherinnen lehnten ab, die Bernerinnen ebenfalls, was nicht überall verstanden wurde. Auf der Frauenseite des «Bund» vom 23. September 1928 begründeten diese ihre Absage: «... die Saffaleitung wandte ... sich ... an zwei von uns Berner Theologinnen mit der Anfrage, ob eine von ihnen am Bettags-Abendkonzert im Münster eine kurze Ansprache (die weder eine Predigt noch eine Andacht noch konfessionell zu sehr betont sein dürfe) halten wolle. Wir anerkannten die freundliche Absicht, uns hier Gelegenheit zu einem öffentlichen Auftreten zu geben, lehnten aber dennoch das Angebot ab, und zwar aus der Überzeugung, dass das, was wir zu sagen hätten, sich weder diesen Bedingungen fügen könne, noch zwischen ein wenn auch schönes und ernstes Konzert hinein gehöre. Der Begriff der «Verkündigung» steht uns zu hoch, als dass wir meinen, sie könnte so «unter anderem auch noch» gesagt werden. Wenn die Predigt den Anspruch zu erheben wagt, Verkündigung des Evangeliums zu sein, so scheidet sie damit bewusst aus dem Rahmen alles übrigen Redens und Tuns aus, um in ihrer vollen Einzigartigkeit gesagt und gehört zu werden. Darum konnten wir das Angebot der Saffaleitung nicht annehmen, denn es ging uns wahrlich nicht darum, unter allen Umständen jetzt einmal öffentlich aufzutreten, sondern, wenn geredet werden sollte, so wollten wir es, getreu unserer Berufsauffassung, als Diener am göttlichen Wort tun.» Unterschrieben war der Artikel mit «die bernischen Theologinnen».[47] Zum erstenmal formulierten die Theolo-

47   «Der Bund» Nr. 144 vom 23. September 1928, Seite «Für die Frauen»

ginnen hier öffentlich, als wer sie sich verstanden wissen wollten: als Dienerinnen am göttlichen Wort, als VDM, als Verbi
Divini Ministrae, der Titel, der ihren männlichen Kollegen
nach der Konsekration zukam. Darum hatten sie Theologie
studiert. Das bedeutete für sie persönlich nicht unbedingt als
Konsequenz das Pfarramt. Anna Bachmann hatte es für sich
selbst ausgedrückt: sie scheute sich vor dem Kanzeldienst.
Auch Irene von Harten sah sich «in stiller Arbeit unter Menschen, besonders Frauen und Kindern», Alice Aeschbacher
legte bewusst die Examen für weibliche Studierende ab und
schloss damit ein Pfarramt von vornherein aus. Aber sie verstanden ihre Arbeit als Verkündigung, als Dienst am göttlichen Wort, sei es im Gefängnis in Halle / Saale oder in Hindelbank, im seelsorgerlichen Gespräch mit Frauen in der Matte,
in der Sonntagschule und im Unterricht. Der Dienst am göttlichen Wort konnte aber den Kanzeldienst, das Predigtamt,
nicht ausschliessen: Mathilde Merz wollte von Beginn des Studiums an Pfarrer werden. Wie hatte es doch Rosa Gutknecht,
die Zürcher Pionierin, einmal gesagt: «Wir forderten das Amt
nicht, wir weigerten uns aber, darauf zu verzichten.»

3. Frauensolidarität

Die gemeinsame Arbeit im Rahmen der SAFFA hatte den
Austausch und die gegenseitige Anteilnahme der Frauen gefördert und ihre Solidarität gefestigt. So stellte die Vereinigung bernischer Akademikerinnen am 15. Februar 1929 das
Gesuch an den Erziehungsdirektor Dr. Rudolf, es sollten – in
Abänderung des Beschlusses des Regierungsrates vom 27. September 1919 – die Examen der Theologinnen in allen Teilen
dieselben sein wie diejenigen ihrer männlichen Kollegen. Das
Sonderreglement (Abschnitt v des Prüfungsreglementes) sei
somit aufzuheben.[48]

---

48 Das Archiv der Bernischen Akademikerinnen ist nicht geordnet und nicht
    zugänglich. Der Inhalt des Briefes der Akademikerinnen vom 15. Februar 1929
    ist aus den Verhandlungen der Prüfungskommission vom 23. April 1929 und
    15. Mai 1929 und denjenigen des Synadalrates vom 27. August 1929 und aus
    deren Antworten zu eruieren. Es ist auch nicht auszumachen, ob die Theolo-
    ginnen am Brief beteiligt waren.

Die Eingabe ging zur Vernehmlassung zunächst am 19. Februar 1929 an die theologische Fakultät, am 10. Juli 1929 dann über die Kirchendirektion auch an den Synodalrat.

Die Fakultät stellte sich in ihrer Antwort an die Erziehungsdirektion hinter den Entscheid der vorberatenden Prüfungskommission: die Examensleistungen der Frauen seien denen der Männer «vollkommen gleichwertig», darum sei ihnen das volle Examen zu ermöglichen, und es sei der Abschnitt v des Prüfungsreglementes «ausser Gebrauch zu lassen».[49]

Anders sah es der Synodalrat in seiner Antwort vom 20. September 1929 an die Kirchendirektion.[50] Für ihn ging es in der Eingabe nicht um eine akademische Frage, sondern sie betraf die Organisation der Landeskirche. Gleiche Examen hatten gleiche Rechte zur Folge, in diesem Fall das Recht, zum Pfarrer einer bernischen Kirchgemeinde gewählt zu werden. Dieses Recht verwehrte den Frauen aber das Kirchengesetz. Der Synodalrat stellte fest, «dass es keinem Zweifel unterliegen kann, dass die sämtlichen stimmberechtigten Bürger des Kantons Bern, welche ihm (dem Kirchengesetz von 1874) ihre Zustimmung erteilt haben, der bestimmten Ansicht waren, dass das Amt eines Gemeindepfarrers im Kanton Bern nur durch einen Vertreter des männlichen Geschlechtes versehen werden könne.» Nur eine Revision des Kirchengesetzes könnte das gleiche Recht den weiblichen Theologiestudierenden geben. Der Synodalrat glaubte «nicht fehlzugehen, wenn wir eine Gesetzesrevision in dieser Richtung als nicht im Sinne des bernischen evangelisch-reformierten Kirchenvolkes liegend betrachten.» Darum lehnte der Synodalrat das Begehren der Akademikerinnen ab. Er war für Beibehaltung des Prüfungsreglementes für weibliche Studierende und befürwortete eher dessen Ergänzung durch dem Studium vorauszugehende praktische Betätigung in Anstalten, in Armen-, Kranken- und Kinderpflege!

---

49   Sowohl Mathilde Merz 1925 wie Dora Scheuner 1929 hatten als einzige ihrer Examensgruppe ihre Examen mit der Gesamtnote «1» bestanden.
50   Brief des Synodalrates vom 20. September 1929, StAB, Synodalrats-Archiv, Schachtel «B 151»

Der Synodalrat schob also das Kirchengesetz für seine ablehnende Antwort an den Regierungsrat vor. Vorbereitet hatte diese auf dem Zirkulationsweg die Rechtskommission des Synodalrates, bestehend aus drei seiner Mitglieder, wovon eines Jurist war.[51] Diese hielten die Eingabe der Akademikerinnen für einen Schleichweg, um zum eigentlichen Zweck, dem weiblichen Pfarramt, zu kommen. Ob dieses zum Wohl der Kirche wäre, müsste die Synode entscheiden. Ihnen schien es nicht im Interesse der Landeskirche, und es wurde von einem Mitglied die Meinung formuliert, das weibliche Pfarramt verstosse gegen die Ordnung der Natur, ja ihres Schöpfers. Diese Begründung wurde gegenüber der Kirchendirektion vom Synodalrat aber nicht übernommen.

In der Folge lehnte die Erziehungsdirektion das Gesuch der Akademikerinnen um Abänderung des Beschlusses des Regierungsrates von 1919 und also um Aufhebung des besondern Prüfungsreglementes für weibliche Theologiestudierende im Sinne des Synodalrates mit der Begründung durch das Kirchengesetz ab.

Dora Scheuner

Die erste Installation einer Pfarrhelferin
Im gleichen Herbst 1929 schloss Dora Scheuner ihr Studium mit dem praktischen Teil des Staatsexamens ab, als einzige der Examinanden mit der Gesamtnote 1, wie Mathilde Merz vier Jahre zuvor. Ihre Examen waren denjenigen der Männer also mehr als «vollkommen gleichwertig»! Obschon die Prüfungskommission die Predigt von Dora Scheuner «einmütig des homiletischen Müslinpreises für würdig» hielt, konnte er ihr als Frau aufgrund des Wortlautes des Testamentes von David Müslin nicht ausgerichtet werden.[52] Die Prüfungskommission bedauerte dies und suchte Dora Scheuner auf andere Weise entgegenzukommen: sie händigte ihr das Diplom als Gemeindehelferin trotz fehlender Praktikumszeit aus, indem sie dafür die ersten Monate in der Johannes-Gemeinde, deren Stelle als Pfarrhelferin Dora Scheuner zugesichert war, im voraus anrechnete. Zudem bat Prof. M. Haller als Präsident der

51   ebenda
52   Protokoll der Prüfungskommission, StAB, «BB III b 1253»

Prüfungskommission den Synodalrat, anstelle der nicht möglichen Konsekrationsfeier den Stellenantritt von Dora Scheuner mit einer Feier zu verbinden unter Beteiligung des Synodalrates.[53] Der Synodalrat ging auf den Wunsch ein und beauftragte Prof. W. Hadorn, die Predigt zum Stellenantritt am 8. Dezember zu halten, doch Prof. Hadorn starb unerwartet am 19. November.

An dessen Stelle leitete Münsterpfarrer Prof. Albert Schädelin als Mitglied der Prüfungskommission den Gottesdienst. Seine Predigt ist ein aufschlussreiches Beispiel für die Haltung derjenigen, die dem Amt und Dienst der Frau in der Kirche damals positiv gegenüber standen.

Predigttext waren die Verse des Apostels Paulus zur Empfehlung der Phoebe an die Gemeinde in Kenchrea (Röm 16, 1f), die Schädelin als erste Gemeinde- und Pfarrhelferin und als Vorbild der künftigen Gemeindehelferinnen bezeichnete. (Im übrigen verwendete er in der Predigt ausschliesslich die Bezeichnung «Gemeindehelferin»). Er stellte dem Amt des Pfarrers das Amt der Gemeindehelferin als das «weibliche Gemeindeamt» gegenüber. Während jenem «das grösste Gewicht in unserer Kirche» zukomme, sei dagegen das Amt der Gemeindehelferin «ein bescheidenes», das sich «weithin in der Stille und Verborgenheit» abspiele. Es habe aber auch «seine hohe Bedeutung und die ihm eigene Ehre», was aus den Worten des Apostels Paulus über Phoebe deutlich hervorgeht. «Das neugeschaffene Kirchenamt» stehe darum «nicht ohne biblischen Grund» da und sei «durch die Schrift selbst beglaubigt». Bei der jetzigen Neuschaffung des Gemeindehelferinnenamtes liege vielleicht darin eine Schwäche, dass der Anstoss dazu aus einer Bewegung komme, die ihren Ursprung nicht in der christlichen Gemeinde und deren Gedanken habe, nämlich aus der modernen Frauenbewegung. «Aber es ist in den Dingen der Kirche und des Glaubens wohl noch immer so gewesen, dass tausendfältige natürliche Umstände dazu mithelfen mussten, dass der christliche Geist sich auf sich selber zu besinnen begann, so auch in diesem Fall. Wenn die

---

53 Protokoll der Sitzung des Synodalrates vom 5. November 1929

Frauenbewegung der Anlass wurde, dass die Kirche auf ihrem Boden etwas richtiges tut, dann können wir jener Bewegung nur dankbar sein.» Umso nötiger sei es, dass «wir uns ganz klar sind darüber, dass das neue Gemeindehelferinnenamt ein kirchliches und christliches Amt ist und sein will». Es sei die Aufgabe der Gemeindehelferin mitzuhelfen, die Herzen für die christliche Botschaft zu öffnen, nicht in erster Linie durch Verkündigung des Wortes Gottes, sondern durch den Dienst der christlichen Liebe. Das entspreche der besondern Art der Frau: «ihr fein empfindendes Gemüt, ihr Blick für die tausend kleinen häuslichen Dinge, ihr Sinn für das, was schwach und gering ist, ihre mütterlich-fürsorgende Art». Zum konkreten Anlass fuhr er fort: «... können wir anders als uns rückhaltlos darüber zu freuen, dass viele Frauen auch in der Fähigkeit, ihren Geist in den Dingen des christlichen Denkens zu wecken, zu vertiefen und durch ein ernstes Studium durch zu bilden dem Manne in keiner Weise nachstehen, ja unter Umständen, wie dies hier der Fall ist, übertreffen können. Muss das denn wirklich zu einer Beeinträchtigung, kann es nicht vielmehr zu einer Erweiterung, Vertiefung, und Bereicherung der weiblichen Art und Natur dienlich sein?» Schädelin ermahnte die Gemeinde, der neuen Gemeindehelferin nicht mit allzu grossen sie belastenden Erwartungen zu begegnen und sie aufzunehmen, wie es sich für eine Gemeinde der Heiligen gezieme.[54]

Dora Scheuner dankte in ihrem Grusswort ihren Lehrern, bei denen sie studieren durfte, und der Gemeinde für ihre Aufnahme, wodurch ihr ein lange gehegter Wunsch, nämlich einer Gemeinde dienen zu dürfen, in Erfüllung gegangen sei. Und wörtlich: «Unsere männlichen Kollegen tragen den Titel: ‹Diener am göttlichen Wort›, und gerade dieses Wort möchte ich, nicht als Titel, sondern als Versprechen, über meine Pfarrhelferinnentätigkeit setzen. Nur darum dürfen wir es wagen einer Gemeinde dienen zu wollen, weil wir in erster Linie Diener Gottes sein möchten, unterstellt und gefangen genommen von seinem Wort.»[55]

54   Kopie des Predigt-Manuskripts im Nachlass Dora Scheuner, Universitäts-Archiv
55   ebenda

Dora Scheuner blieb bis 1940 Gemeindehelferin der Johannes-Gemeinde. Ihr Aufgabenkreis entsprach dem § 57 der KO von 1918:

1. Arbeit an der konfirmierten Jugend
2. Frauenarbeit
3. Sonntagsschule
4. Alle 14 Tage im Winter Abendgottesdienst im Chor der Johanneskirche
5. Unterweisung nur zur Vertretung der Pfarrer
6. Andere Jugendarbeit: Hoffnungsbund etc.

Daneben entfaltete Dora Scheuner eine reiche theologische und publizistische Tätigkeit. Sie schrieb Betrachtungen zum Kirchenjahr im Schweizer Frauenblatt, theologische Aufsätze im Kirchenblatt für die reformierte Schweiz und im Deutschen Pfarrerblatt, hielt Vorträge an Frauentagen, vor Konfirmandinnen und in der Theologischen Arbeitsgemeinschaft, deren Gründungsmitglied sie war. Sie übernahm Predigtvertretungen auswärts, und sie arbeitete mit Pfr. Peter Barth an der Herausgabe der ausgewählten Werke Calvins. Besonders vertiefte sie sich in die Sprache des Alten Testamentes und dessen Exegese und legte damit den Boden für ihre spätere akademische Lehrtätigkeit.

Die Jahre 1930 – 1940

Im Juni 1930 fand ein Gespräch des Synodalrates mit dem Kirchendirektor, Regierungsrat Hugo Dürrenmatt, wegen des drohenden Pfarrermangels statt. Lösungen sah man darin, Nachwuchs unter den Bauernsöhnen zu holen, auch bei Missionaren, und vermehrt Stipendien auszurichten. Der Synodalrat verfasste ein entsprechendes Zirkular an die Pfarrämter und einen Aufruf an die Eltern der anvisierten Söhne. An Frauen und an die Mitarbeit der Theologinnen dachte niemand.[56]

Es immatrikulierten sich:

Frühling	1930	Dora Nydegger
Herbst	1931	Lucie Monod
		für ein Semester, Abschluss in Lausanne
Frühling	1932	Salome Sulser
Herbst	1932	Marie Louise Martin
		Weiterstudium nach dem Propaedeuticum in Basel, Konkordatsabschluss.
Frühling	1933	Dora Soldan
		für drei Semester, Studienabbruch
Herbst	1933	Alice Lüscher
Herbst	1934	Eugénie Elsässer
		Dora Ringgenberg
Herbst	1938	Sonja Ellenson
Herbst	1939	Anna Schneeberger

Es schlossen das Studium mit dem Diplom als Gemeindehelferin ab:

Dora Nydegger	Frühling 1935
Salome Sulser	Frühling 1938
Alice Lüscher	Herbst 1938
Dora Ringgenberg	Frühling 1940

---

56 Protokoll der Sitzung des Synodalrates vom 23. Juni 1930, in Anwesenheit von Kirchendirektor H. Dürrenmatt

Keine von den vier arbeitete im Kanton Bern. Dora Nydegger und Dora Ringgenberg gingen nach einander in den Kanton Solothurn in die zum bernischen Kirchengebiet gehörende Gemeinde Biberist-Gerlafingen, Alice Lüscher begann ein Zweitstudium, und Salome Sulser, die ihr Praktikum ebenfalls im Kanton Solothurn gemacht hatte, heiratete nach Deutschland und gab die berufliche Tätigkeit auf.

Im Kanton Bern hatte in diesem Jahrzehnt einzig Dora Scheuner ein Amt als Gemeindehelferin, Anna Bachmann arbeitete teils freiwillig, teils im Stundenlohn in der Gefangenenseelsorge und im Unterricht bei Hilfsschülerinnen.

Die Diskussion im «Kirchenblatt für die reformierte Schweiz» von 1931/32

1931 war Mathilde Merz von der Kirchenpflege in Lenzburg zur Pfarrhelferin, Grete Caprez-Roffler (mit Zürcher Examen) von derjenigen von Furna (GR) zur Pfarrerin gewählt worden. Durch einen Beschluss der Aargauer Synode, wonach der Kirchenrat ermächtigt wurde, weibliche Pfarrhelfer zuzulassen unter dem ausdrücklichen Vorbehalt, dass dies die Wahlfähigkeit als Pfarrer nicht nach sich zieht, konnte die Wahl von Mathilde Merz nachträglich genehmigt werden. Die Wahl von G. Caprez wurde dagegen durch den Bündner Kirchenrat für ungesetzlich erklärt und nicht bestätigt, das Pfrundgut wurde der Gemeinde gesperrt, doch Furna entschied sich, die Pfarrerin aus eigenen Mitteln zu besolden.[57]

Daraus erwuchs im «Kirchenblatt für die reformierte Schweiz» eine Diskussion über das Pfarramt der Frau zwischen der kritischen Redaktion des Blattes (Prof. Dr. E. Staehelin) und Theologinnen aus Zürich, die deren ablehnende Haltung als eine Kirchenpolitik, die sich nicht vom Evangelium her rechtfertigen lasse, bezeichneten. Sie waren entschlossen, für ihre Sache weiterzukämpfen und «wenn die Kirchenregierungen auch andernorts schlechten Willens sein sollten, den Bedürfnissen der Gemeinden zu entsprechen, vielleicht auch wieder einmal eine ungesetzliche Wahl» anzunehmen.

---

57 «Kirchenblatt für die Reformierte Schweiz», vom 19. November 1931, S. 383

Am 10. März 1932 äusserte sich im «Kirchenblatt» auch Dora Scheuner zur Diskussion, jedoch in anderem Ton. Wichtiger als die Frage nach dem vollen Pfarramt war ihr die Frage nach dem Sinn des Amtes und der Kirche überhaupt: «Ist das heutige Pfarramt denn so, dass es für uns erstrebenswert ist?» Sie wünschte sich für die Theologinnen «die Freiheit, ein Amt aus den Erfahrungen heraus zu gestalten, nicht eingeengt durch allerhand Verbote, aber auch nicht blindlings das Pfarramt des Mannes nachahmend». «Darum wäre es vielleicht erspriesslicher (dies ist die Meinung verschiedener Theologinnen Basels und Berns), wenn nun einmal, abgesehen von jeder öffentlichen Debatte, die Sache der Praxis überlassen würde und von dort eine weitere und den Erfahrungen angemessene Ausgestaltung des Berufes erwartet und versucht würde.»

Sie formulierte es zusammen mit Basler Kolleginnen so: «Die Vocatio ruft zur Arbeit, und erst hieraus folgt das Amt.» In diesem Sinn erhielt Dora Scheuner in Marie Speiser eine Kollegin und Mitdenkerin.

Marie Speiser (1901–1986)

Die grosse solothurnische Kirchgemeinde Derendingen[58] mit zwei Pfarrstellen musste 1932 daran denken, für den schnell wachsenden Kreis Zuchwil mit damals 1700 Gemeindegliedern eine «Pfarrhelferei» zu errichten. Vom Schweizerischen Protestantischen Hilfsverein wurde ihr dafür aus der Reformationsstiftung ein auf fünf Jahre zugesicherter jährlicher Betrag von Fr. 4000.– zugesprochen, dazu kamen kleinere Beiträge vom Verband der solothurnischen reformierten Kirchgemeinden und vom bernischen Synodalrat. Als jährliches Gehalt für die neue Kraft standen so Fr. 4200.– und eine

---

58 Die 8 reformierten Kirchgemeinden des oberen Teils des Kantons Solothurn sind Teil der evangelisch-reformierten Kirche des Kantons Bern. Für sie gelten auch die bernischen innerkirchlichen Gesetze, KV und KO, jedoch nicht das Kantonale Bernische Kirchengesetz. Sie sind nach dem solothurnischen Gemeindegesetz organisiert, die Pfarrer sind Gemeindeangestellte und werden von der Kirchgemeinde besoldet. Zwischen den Ständen Bern und Solothurn besteht eine Übereinkunft von 1875, die die kirchlichen Verhältnisse regelt, die seither mehrfach revidiert wurde.

Wohnungsentschädigung von Fr. 600.– zur Verfügung. Das reichte nicht für die Anstellung eines Vikars, sondern nur für die Anstellung einer Theologin mit dem Lohn einer bernischen Pfarrhelferin.[59]

Kontakte zwischen dem Kirchgemeinderat und dem Kultusdepartement in Solothurn ergaben, dass der Regierungsrat für die Anstellung einer Frau zuerst verfassungsrechtliche Grundlagen schaffen müsste, was länger dauern könnte, dass der Regierungsrat der Gemeinde aber keine Schwierigkeiten bereiten werde, wenn sie eine Theologin als Gemeindehelferin wähle. Darauf wählte die Kirchgemeinde Derendingen im November 1933 auf eine Amtsdauer von sechs Jahren Marie Speiser, vom Kirchenrat von Basel-Stadt ordinierte Theologin mit Studienabschluss der Basler Universität, als Vikarin für den Pfarrkreis Zuchwil. Ihr Pflichtenheft arbeiteten die beiden Pfarrer von Derendingen zusammen mit Marie Speiser aus. Ihr wurden sämtliche pfarramtliche Aufgaben im Pfarrkreis Zuchwil (Predigt zunächst in der Turnhalle, übrige kirchliche Veranstaltungen in den Wirtschaften «Bierhalle», «zum Schnepfen» oder im «Alpenrösli») übertragen (einschliesslich 1934 die Fürsorge für arbeitslose Gemeindeglieder), und selbstverständlich bezog sich ihre Arbeit auf die ganze Gemeinde, nicht nur wie in der Kirchenordnung 1918 «auf den weiblichen Teil der Gemeinde». Der Predigtdienst in der Kirche der Gesamtgemeinde Derendingen wurde gleichberechtigt auf alle drei verteilt. Abendmahlsfeiern, Taufen und Konfirmationsfeiern, die in der Kirche Derendingen stattfanden, sollten weiterhin von den beiden Pfarrern geleitet werden. Dies befürwortete Marie Speiser als Akt der Klugheit, da noch in keiner andern Kantonalkirche Frauen die Sakramente öffentlich verwalten durften.

Die feierliche Installation fand im Mai 1934 statt, im gleichen Rahmen und mit der gleichen Gottesdienstordnung wie ein Jahr zuvor bei der Installation des neuen Pfarrers von Derendingen. Die gedruckte offizielle Einladung galt für die «*Installation für Frl. Pfarrer Marie Speiser*». Die Installationspre-

Marie Speiser

---

59 Protokoll des Kirchgemeinderates Derendingen vom 27. September 1933, KGAD

digt hielt der Präsident des Schweizerischen Protestantischen Hilfsvereins, Prof. Eberhard Vischer aus Basel, die Installation erfolgte durch Handauflegung und das Gelübde der Vikarin. Der Berner Synodalrat war durch seinen Vizepräsidenten, Pfr. Trechsel, vertreten, der ebenfalls eine Ansprache hielt.[60]

In der Sitzung vom 19. Mai 1934 hatte der solothurnische Regierungsrat von der dem Kultusdepartement mitgeteilten Wahl Kenntnis genommen und hielt fest, dass «die Anstellung von weiblichen Hilfsgeistlichen nur im Sinne von ‹Gemeindehelferinnen› vorab für den seelsorgerlichen Dienst am weiblichen Geschlecht ohne eigentliche geistliche Funktionen zulässig» sei, und dass «die Begrenzung der Aufgaben ... im vorgezeichneten Rahmen Sache des Kirchgemeinderates» sei. Sollten die Aufgaben auf Funktionen ausgedehnt werden, die einer Gemeindehelferin nicht zustehen, müsste der Regierungsrat auf ein Gesuch der Kirchgemeinde hin neu Stellung nehmen.[61]

Das Kultusdepartement des Kantons Solothurn orientierte die Direktion des Kirchenwesens des Kantons Bern über die Angelegenheit. Diese antwortete im Juni, dass gegen die Wahl von Marie Speiser «als blosse ‹Gemeindehelferin› ohne eigentliche pfarramtliche Funktionen» nichts einzuwenden sei. Würde sie pfarramtliche Funktionen ausüben, wäre sie «Vikar», und als solche wäre eine Frau nach bernischen Gesetzen nicht wählbar.[62]

(Aufgrund dieser Antwort nahm der Solothurner Regierungsrat im Herbst 1934 in positivem Sinn auch Kenntnis von der Wahl der Zürcher Theologin Henriette Schoch als Gemeindehelferin in Grenchen für den Kreis Bettlach, und 1937 von der Wahl der Berner Theologin Dora Nydegger als Gemeindehelferin in Biberist-Gerlafingen. Den beiden wurde von Solothurn ausdrücklich mitgeteilt, dass sie sich nur «Gemeindehelferin» und nicht «Pfarrhelferin» nennen dürften. Beide übten aber auch pfarramtliche Funktionen aus. Henriette Schoch blieb bis 1938, Dora Nydegger bis 1939 im Amt.)

60 Einladung zur Installationsfeier, KGAD
61 Ratsmanual des Regierungsrates vom 19. Mai 1934, StAS
62 Brief der bern. KD an RR Sol.

Marie Speiser war also als *Vikarin* nach Zuchwil gewählt mit dem Lohn einer bernischen *Pfarrhelferin*, in den Amtsstuben in Solothurn und in Bern galt sie als *Gemeindehelferin*, und in der Gemeinde war sie das *Fräulein Pfarrer*. Es entsprach der Situation, wenn der solothurnische Regierungsrat Kaufmann bei einem zufälligen Treffen auf dem Rigi Marie Speiser mit den Worten begrüsste: «So, sind Sie in den Ferien von Ihrem illegalen Amt?»[63]

Die Kirchendirektion des Kantons Bern informierte den Synodalrat im Juli 1934 über die Korrespondenz mit dem Kultusdepartement des Kantons Solothurn in Sachen Marie Speiser. Das brachte den Synodalrat, der ja bei der Installation in Zuchwil vertreten gewesen war, in Verlegenheit. Muss der Synodalrat dafür sorgen, dass die Aufgaben einer Gemeindehelferin nicht überschritten werden? Muss er überhaupt Stellung nehmen? Ist es Sache von Kirchendirektion und Kultusdepartement dafür zu sorgen, dass Gesetze eingehalten werden? Muss sich der Synodalrat an den Kirchgemeinderat wenden? Soll er besser mündlich an die Pfarrkollegen gelangen? Man sah die Parallele zu den Anstellungen von Mathilde Merz in Lenzburg und Grete Caprez-Roffler in Furna. Durch Abstimmung wurde beschlossen, dem Kirchgemeinderat Derendingen zu schreiben.[64]

Im Frühjahr 1935 erhielt der Synodalrat von Pfr. Walter Gerber aus der Gemeinde Derendingen Bericht über die erspriessliche Arbeit von Marie Speiser und das Gesuch, ihr eine bernische Liturgie zu schicken. Wieder war der Synodalrat unsicher. Er stellte sich schliesslich einstimmig hinter den Antrag von A. Schädelin: Die Pfarrhelferin (!) soll die Wirksamkeit ausüben, die ihr vom Kirchgemeinderat übertragen wird, aber ohne Spendung der Sakramente.[65] Die Stellungnahme wurde Derendingen mitgeteilt. Von jetzt an konnte Marie Speiser, vom Synodalrat unbehelligt, arbeiten und aus der Praxis und den Erfahrungen «die angemessene Ausgestaltung des Berufes» versuchen.

---

63 M. Speiser: «Fünfzig Jahre Theologinnen in der Schweiz». 1969
64 Protokoll des Synodalrates vom 2. Juli 1934, StAB
65 Protokoll des Synodalrates vom 25. März 1935, StAB

Sie hat das in grosser Bescheidenheit und Zurückhaltung getan. Eine «souveräne Demut» sprechen ihr diejenigen zu, die mit ihr zusammen gearbeitet haben. Denn bei ihrer – auch äusserlichen – Bescheidenheit hatte sie eine hohe Intelligenz, ein breites Wissen, eine gediegene Bildung und einen im Glauben gründenden selbstverständlichen Mut. Das Wort aus dem Lukasevangelium (17,10) hat sie ihr Leben lang begleitet: «Wenn ihr alles getan habt, was euch zu tun befohlen ist, so sprecht: unnütze Knechte sind wir. Wir haben nichts getan als unsere Schuldigkeit.» In dieser Haltung zog sie aus ihrer kultivierten und anregenden Umgebung in Basel nach Zuchwil in die Industriegemeinde von meist zugezogenen Arbeitern und hielt es für ein Privileg, dort arbeiten und leben zu dürfen.

Jahre später, nach ihrer Pensionierung, warnte Marie Speiser einen Kollegen vor dem Einmannsystem der Pastorenkirche: «Alleingehen führt nicht zur Gemeinde, sondern zur Pfarrei.»[66] Ihr ging es um die Gemeinde. In ihrem Lebenslauf schreibt sie es so: «Als Student an den Universitäten Basel, Paris, Tübingen und später noch in Marburg war mir von Semester zu Semester deutlicher geworden, worauf es ankommt: zu wissen, dass der Auferstandene seine Gemeinde baut. An uns ist lediglich das Nicht-im-Wege-Stehen einerseits und das mit Einsatz und aller Kraft Auf-Ihn-Hören anderseits.»[67] Damit hat sie ihre Berufsauffassung definiert: Sie wollte Gemeinde-Helferin sein, und die Hilfe, die sie anzubieten hatte, war die ernsthafter Arbeit abgerungene Verkündigung der frohen Botschaft. Darauf baute der Auferstandene die Gemeinde selber. Marie Speiser glaubte, dass der noch nicht durch das Amt geprägten Theologin das Nicht-im-Wege-Stehen leichter falle, und sie ging völlig einig mit dem Satz aus dem Brief einer jüngeren Kollegin: «Ich glaube, es ist wohl ganz besonders die Aufgabe von uns Theologinnen danach zu streben, dass die Gemeinden wieder Gemeinden wer-

66 Privatkorrespondenz von Marie Speiser mit ihrem Nachfolger Hugo Dettwiler
67 Marie Speiser, Lebenslauf, zitiert in «Freude am Herrn», von Yvette Mayer, in «Leben und Glauben»

den.»[68] «Als Gemeindeglied im Pfarramt» lautete darum auch das Thema einer Theologinnentagung (1962).

Und wirklich: in der Gemeinde Zuchwil wuchsen wie von selber lebendige Gruppen (von Burschen, Mädchen, Frauen, Männern, Jugendkonferenz, Kirchenchor, Besuchergruppen, auch von Kindern, die am Samstag Sonntagsgrüsse vom Pfarramt zu Kranken und Alten trugen, Monatsdienst der Kirchgemeinderäte) und Initiativen einzelner Gemeindeglieder. Selbst in Basel arbeiteten die wohltätigen «Ameisen» das Jahr hindurch an den Weihnachtspaketen für die Bedürftigen in Zuchwil. Marie Speiser sah dabei ihren Dienst als Facharbeiterin, die ihr Wissen zur Verfügung stellte, um den Gemeindegliedern das Rüstzeug für ihre Arbeit zu geben. Andererseits zog sie bei Entscheidungen die Verantwortlichen der einzelnen Gruppen bei und machte sie damit zu Mitverantwortlichen. In einer Abendfeier 1944 wurde die Initiative der Gemeinde übertragen, das Pfarramt waltete fortan als Beauftragter.[69] Noch Jahre nach Marie Speisers Pensionierung wirkten ehemalige aktive Gemeindeglieder von Zuchwil in solothurnischen Gemeinden als Kirchgemeinderäte, Kirchgemeindepräsidenten, Verwalter usw.

Ihrem Nachfolger in der für einen einzigen Pfarrer zu grossen Gemeinde legte Marie Speiser nahe, nicht nur Gott um Kraft zu bitten, sondern auch von Menschen Hilfe zu erfragen, so wie sie das seinerzeit erfahren habe, was ihr zugleich viel Freundschaft und Erfrischung brachte.[70] Während Jahren hatte sie den Religionsunterricht der jungen, dafür besser als sie begabten Zürcher Theologin Barbara Reinhart übertragen. Alle Jahre rief sie die in Bibelarbeit besonders erfahrene Basler Theologin Anna Aicher für eine Woche zu Bibelkursen zu Hilfe. Jährlich veranstaltete sie Vortragsreihen zu aktuellen Themen mit damals bedeutenden Persönlichkeiten aus Kirche und Politik. Das war für sie Weiterbildung und «Super-

68 Brief von Pfr. E. Gretler-Iselin an M. Speiser in «Fünfzig Jahre Theologinnen in der Schweiz», 1969
69 Gemeindeblatt der Kirchgemeinde Derendingen, KGAD, Bericht über die Feier vom 1. Februar 1944
70 Privatkorrespondenz von Marie Speiser mir ihrem Nachfolger Hugo Dettwiler

vision»: «Für mich waren jeweils diese Tage so massgebend für die Arbeit, ich empfand es als stillen eigensten Gewinn, dass ich einmal im Jahr für mich in den Zwischenstunden auch Beratung holen konnte und durfte.»[71]

Das Zentrum ihrer Arbeit war aber die Predigt, die sie aufs sorgfältigste vorbereitete. Alttestamentliche Texte besprach sie jeweils intensiv mit Dora Scheuner, bis sie in der Übersetzung und im Kontext geklärt waren. Dann hörte sie «mit Einsatz und aller Kraft» auf ihn hin, bis sie ihn hilfreich in den Alltag der Gemeinde stellen konnte. Dass ihre Predigten bei den Hörern ankamen, erfuhr auch die benachbarte Gemeinde Solothurn, wo man – so wird gesagt – von den zahlreichen «sonntäglichen Pilgern zur Jungfrau Maria von Zuchwil» sprach. Theologische Arbeit als Zentrum: wenn die damals in ihren Rechten noch sehr eingeschränkten Theologinnen mit Schwierigkeiten zu kämpfen hatten und ungeduldig wurden, mahnte sie Marie Speiser eindringlich: «Arbeite theologisch!»[72]

Als Tochter eines Rechtsprofessors und Schwester der ersten selbständigen Juristin in Basel wusste Marie Speiser um den Wert juristisch festgelegter Ordnung. Sie setzte sich über sie nicht hinweg, sondern suchte sie zu verändern. Durch den damaligen Sekretär des Synodalrates, Pfr. Wilhelm Nissen, taktisch beraten, stellten die drei damals im Amt stehenden Theologinnen Marie Speiser, Dora Scheuner und Dora Nydegger am 4. Mai 1939 das *Gesuch an den Synodalrat, auf Grund der in zehn Jahren gemachten Erfahrungen die Kompetenzen der Theologinnen zu erweitern.* Sie beschrieben in ihrem Brief die Schwierigkeiten für Gemeinde und Theologin bei dem bestehenden «Halbzustand». Die Gemeinden stellen keine Theologinnen ein, weil diese den Pfarrer nicht in allem vertreten können, und die Arbeit der Theologin wird fraglich, wenn sie Kranke und Sterbende zwar besuchen und trösten, ihnen aber das Abendmahl nicht spenden kann, Jugendliche unterweisen aber nicht konfirmieren darf. Kasualien bekom-

Dora Nydegger

71 ebenda
72 Marie Speiser, Lebenslauf, zitiert in «Freude am Herrn», von Yvette Mayer, in «Leben und Glauben»

men dadurch eine übersteigerte Wertung. Bezeichnend ist der
folgende Briefabschnitt:

«Wir sehen uns aber auch darum genötigt, in diesem Mo-
ment an Sie zu gelangen, weil heute leider die Möglichkeit
eines Krieges ins Auge gefasst werden muss. Wir sind uns klar,
dass dann ganz andere Ansprüche an die Theologin gestellt
werden könnten, einfach aus der praktischen Notlage heraus.
Wir sind uns aber darin einig, dass die Kirche auch oder gerade in den verwirrtesten Zeiten in einer *Ordnung* besteht
und möchten unser Amt jetzt und später auf dem Boden solcher Ordnung, nicht aber auf demjenigen wild wachsender
günstiger Präzedenzfällen führen. Aus diesem Grunde haben
es auch die bis jetzt amtierenden Theologinnen im Kanton
Bern bewusst vermieden, sich solche Rechte «wild» anzu-
eignen, obschon ihnen von den Gemeinden der Weg dazu oft
offen gestanden wäre. Es geht uns in diesem Gesuch wirklich
um beides: um den besser ermöglichten Dienst an den Gemeinden und um die Wahrung der Kirche als Ordnung.»[73]

Vier Monate nach Empfang des Briefes überwies ihn der
Synodalrat zur Vorberatung an die kirchenpolitische Kommission, 14 Tage später, am 18. September 1939 erfolgte die
Beratung im Synodalrat. Die jetzige Situation wurde als «nach
reichsdeutschen Vorbildern zurechtgeschnittene Halbheit» (?)
bezeichnet. Die Meinungen blieben geteilt. Die einen zweifelten, dass «das Kirchenvolk die Änderung begrüssen und
begreifen» würde und befürchteten, bei Pfarrermangel und
Theologinnenüberfluss könnten diese «Pfarrerinnen» werden und nicht mehr «Gehilfinnen» bleiben! Schulinspektor
Pfr. Walter Kasser konnte beschwichtigen: ein Überborden sei
nicht zu befürchten, die Zahl der Sekundarlehrerinnen sei
auch bescheiden geblieben, die Wahlbehörden übten Zurückhaltung. Man beschloss, sich bei andern Kirchen zu erkundi-
gen, eventuell eine Änderung der Kirchenordnung ins Auge
zu fassen und mit dem Kirchendirektor Dürrenmatt ein Gespräch zu führen.[74] Dieser hielt in der Besprechung eine er-

73 Brief vom 4. Mai 1939, Gosteli-Archiv
74 Protokoll des Synodalrates vom 18. September 1939

weiterte Auslegung des Kirchengesetzes zugunsten der Theologinnen «für nicht angängig».

Im Mai 1940 erhielt die Rechtskommission des Synodalrates, im August 1940 die kirchenpolitische Kommission des Synodalrates die Aufgabe zu prüfen, wie die Kirchenordnung im Sinne der Gesuchstellerinnen abgeändert werden könnte ohne Änderung des Kirchengesetzes. Im September schlug die kirchenpolitische Kommission folgenden Zusatz zu Art. 57 der Kirchenordnung vor:

«Die Kirchgemeinden sind befugt, das Tätigkeitsfeld der Pfarrhelferinnen im Rahmen der Gesetzgebung nach Bedürfnis zu erweitern.»

Diese Formulierung war dem Synodalrat viel zu unbestimmt, und er fand jetzt eine biblische und kirchliche Begründung dieser Art weiblicher Tätigkeit für nötig![75] Diese erfolgte im Synodalrat im November 1940 durch den Präsidenten Pfr. Paul Tenger, einen Liberalen. Leider ist sie im Protokoll inhaltlich nicht festgehalten. Nach seinen einleitenden Worten an der darauffolgenden Synode zu schliessen, scheint er von der Bibel her keine Hindernisse für die Erweiterung der Aufgaben der Theologin gesehen zu haben. Als erster votierte Prof. A. Schädelin, Mitglied der Unabhängigen, der seinerseits «die Bedenken von der Bibel her als schwerwiegend» bezeichnete, doch zugab, das Problem sei vorhanden, und «man könne Fräulein Speiser jetzt nicht einfach kaltstellen».[76] Darauf beschloss der Rat in der gleichen Sitzung, der Synode die folgende *Erweiterung des Art. 57 der Kirchenordnung* vorzulegen:

«Wenn eine Kirchgemeinde eine solche Pfarrhelferin anstellt, kann ihr der Kirchgemeinderat mit Einwilligung des Synodalrates auch die in Art. 63 der Kirchenordnung erwähnten Amtshandlungen ganz oder zum Teil übertragen, wenn sie sich dazu eignet und die Bedürfnisse in der Kirchgemeinde es erfordern.»

---

75 Protokoll des Synodalrates vom 9. September 1940
76 Protokoll des Synodalrates vom 25. November 1940

Im Art. 63 der Kirchenordnung waren die Amtshandlungen der Pfarrer festgelegt:

a Leitung der Gottesdienste und der Predigt;
b kirchliche Handlungen (Spendung der Sakramente Taufe und Abendmahl, Eheeinsegnung, Bestattungsfeier);
c Erteilung des kirchlichen Jugendunterrichts (Kinderlehre, Unterweisung samt Admission):
d Seelsorge;
e Führung der pfarramtlichen Rödel.

In der Synode vom 10. Dezember 1940, 19 Monate nach Erhalt des Gesuches der drei Theologinnen, stellte der Synodalratspräsident den Artikel vor mit dem Hinweis: «Im Grunde handelt es sich um die Anpassung der Kirchenordnung an einen ohnehin vorhandenen Zustand.»

Die Gruppe der Unabhängigen beantragte Rückweisung und verlangte vorerst die Beratung des Artikels in Prüfungskommission und Pfarrverein. Mit 90 zu 82 Stimmen wurde der Antrag abgelehnt. Nun bezeichnete Prof. M. Haller schon den bestehenden Art. 57 als «Abwendung von der biblischen Linie», der Zusatz, der eine Lösung in der Richtung des geringsten Widerstandes sei, unterstreiche dies noch: «Pfarrhelferinnen haben ein schönes Tätigkeitsfeld zum Beispiel in Diakonissenhäusern; jedoch in den Kirchgemeinden wollen wir Pfarrer, nicht Pfarrhelferinnen.» Die Vertreter der solothurnischen Gemeinden, Dr. H. Frey, Solothurn, Pfr. Kohler, Derendingen, Pfr. Gerber, Huttwil, früher Subingen, bezeugten die wertvolle Arbeit von Marie Speiser und hätten als grundsätzliche Linie vom Synodalrat die Zubilligung des vollen Pfarramtes an die Pfarrhelferinnen gewünscht. Prof. M. Werner stellte sich eindringlich hinter den Antrag des Synodalrates, weil bei der jetzigen bernischen Gesetzgebung, die das volle Pfarramt der Frauen nicht zulasse, einzig der vorgeschlagene Artikel möglich sei, und er mahnte, dass man nicht mit Bibelworten, die in der damaligen zeitbedingten Auffassung geschrieben seien, heutige, im tiefsten Sinne christliche Anliegen bekämpfen könne.[77]

77 Verhandlungen der Kirchensynode vom 10. Dezember 1940

Mit 94 zu 64 Stimmen wurde der Antrag angenommen und somit der Art. 57 der Kirchenordnung durch den zweiten Absatz ergänzt:

> Art. 57, 2: «Wenn eine Kirchgemeinde eine solche Pfarrhelferin anstellt, kann ihr der Kirchgemeinderat mit Einwilligung des Synodalrates auch die in Art. 63 der KO erwähnten Amtshandlungen ganz oder zum Teil übertragen, wenn sie sich dazu eignet und die Bedürfnisse in der Kirchgemeinde es erfordern.»

Damit stand den Theologinnen grundsätzlich das ganze Pfarramt offen, wobei im einzelnen der Kirchgemeinderat zuständig war, die Aufgaben der Pfarrhelferin festzulegen.

Der beschlossene Zusatz enthielt jedoch zwei Sicherungen für den Synodalrat, die sich für die Theologinnen als Stolpersteine erwiesen: In jedem Fall hatte der Synodalrat die letzte Entscheidung, und die Theologin musste ihre Eignung in der Arbeit bewiesen haben, was ihr ja nicht ermöglicht wurde. Im Grunde konnte der Artikel nur auf die drei Theologinnen angewendet werden, die das Gesuch gestellt hatten. Praktisch galt er aber nur für Marie Speiser; denn Dora Nydegger hatte sich seither verheiratet und war seit Ende 1939 nicht mehr im Amt, Dora Scheuner war nach dem persönlichen Miterleben des Leidens und Sterbens eines Kollegen und Freundes 1940 als Lernschwester ins Diakonissenhaus Bern eingetreten, um den praktischen Dienst christlicher Liebe zu üben.

Prof. Schädelin schrieb nach der Synode an Marie Speiser: «… der Verlauf der Synode war ja günstig. Es fehlt nun nur noch die Konsekration und das Wahlrecht», und er verwies auf Acta 10,47 «Mag auch jemand das Wasser wehren, dass diese nicht getauft werden, die den heiligen Geist empfangen haben gleich wie auch wir?»[78]

Der Kirchgemeinderat Derendingen stellte im Anschluss an die Synode das Gesuch an den Synodalrat, Marie Speiser nun im Einklang mit dem Synodebeschluss die vollen pfarramtlichen Kompetenzen übertragen zu dürfen. Der Synodalrat lehnte das Gesuch ab, er war entschlossen, die Bewilligung nur im Rahmen des Bisherigen zu erteilen.[79] Im März 1942 erneuerte Derendingen auf die Einweihung der neuen Kirche in Zuchwil hin das Gesuch und erinnerte an die seinerzeit feierliche Installation der ordinierten Theologin. Eine Antwort blieb aus. Ende Juli wiederholte die Gemeinde das Gesuch und forderte im Blick auf die Kircheneinweihung vom 30. August eine klare Lage. Eine Delegation des Kirchgemeinderates bat um eine Besprechung, die am 24. August gewährt wurde, und in der die finanzielle Lage der Gemeinde für den Beschluss des Synodalrates ausschlaggebend war: Marie Speiser belastete die Kasse der Gemeinde weniger stark als ein Pfarrer.[80]

In der an das Gespräch anschliessenden Sitzung hielt der Synodalrat fest, die Bewilligung, die er erteile, dürfe kein Präzedenzfall sein, sie gelte nur für Marie Speiser persönlich. Diese bleibe aber Pfarrhelferin, nicht Pfarrer, und ihr Amt sei ein Hilfsamt, nicht ein Gemeindepfarramt. – In der gleichen Sitzung bekräftigte der Rat seine Haltung: er lehnte das Gesuch des Kirchgemeinderates Oberbipp um Erlaubnis für ihre Pfarrfrau, der ordinierten Basler Theologin Kunigunde Feldges-Oeri, ihren Mann im Predigtdienst vertreten zu dürfen, ab mit der Begründung, einer Pfarrhelferin sei die Predigt nicht erlaubt, die Gemeinde möge sich an den Bezirkshelfer oder an andere Hilfskräfte wenden.[81]

Am 27. August 1942, drei Tage vor der Kircheneinweihung, schrieb der Synodalrat an den Kirchgemeinderat Derendingen:

«Der Synodalrat hat beschlossen, seine Zustimmung im Sinne von Artikel 57, Absatz 2 der Kirchenordnung zu geben. Wir sind uns dabei bewusst, dass es sich im Falle von Zuchwil um eine Ausnahmestellung handelt. Deshalb kann aus unsrer Zustimmung nicht abgeleitet werden, dass wir in allen andern Fällen, wo eine Pfarrhelferin angestellt ist, dann ebenfalls

---

79 Protokoll des Synodalrates vom 3. März 1941, StAB
80 Die Jahresbesoldungen in der Kirchgemeinde Derendingen betrugen 1947:
    Pfr. A. (20 Dienstjahre) Fr. 13'500.–; Pfr. B. (6 Dienstjahre) Fr. 10'500.–; Marie
    Speiser (13 Dienstjahre) Fr. 8200.–.
81 Protokoll des Synodalrates vom 24. August 1942, StAB

unsre Einwilligung geben werden. Wir behalten uns unsre Stellungnahme ausdrücklich vor, wenn in spätern Zeiten eine andre Pfarrhelferin nach Zuchwil oder in eine andre Ortschaft der Kirchgemeinde Derendingen kommen sollte.»

Der Kirchgemeinderat wurde angehalten, an der Kircheneinweihung diesen Beschluss nicht zu erwähnen.[82]

An der Einweihung der neuen Kirche in Zuchwil hielt Prof. A. Schädelin die Festpredigt. Deren Schlusssatz lautete:

«Gott verleihe derjenigen, die in diesem neuen Gotteshaus des kirchlichen Amtes walten wird, dass ihr der heutige Tag zu einer Quelle der Kraft und des Mutes werde, dass sie ihr hohes Amt, das Wort der Propheten und Apostel zu sagen und den Namen Jesu zu verkündigen, auch fürderhin mit Freuden tue und nicht mit Seufzen, damit die Gemeinde, die sich hier allsonntäglich versammeln wird, wahrhaft erbaut werde zu einer ‹Behausung Gottes› im Geist.»[83]

Albert Schädelin hatte von der Installationspredigt von Dora Scheuner zur Predigt in Zuchwil einen Weg zurückgelegt. Damals sah er die theologisch gebildete Gemeindehelferin im «weiblichen Gemeindeamt», weithin «in der Stille und Verborgenheit» wirkend, im Dienst der christlichen Liebe. Jetzt sah er die Theologin als Verkünderin des Wortes im allsonntäglichen Gottesdienst der Gemeinde. Die Wandlung hatte die gute theologische und praktische Arbeit von Marie Speiser bewirkt, die er auch durch Tochter und Schwiegersohn, eine Zeit lang Pfarrerehepaar in der Gemeinde Derendingen, kennen und schätzen gelernt hatte.[84]

Der Theologin Marie Speiser genügte es nicht, dass die jetzt gesetzlich erlaubte Übertragung sämtlicher pfarramtlicher Aufgaben vor allem auf ihrer Arbeit in Zuchwil gründete, obschon doch der Synodalrat in der Bibel «schwerwiegende Bedenken» dagegen sah. Auch Pfr. Wilhelm Nissen hatte ihr in einem persönlichen Brief empfohlen, «gegenwärtig den

82 Brief vom 27. August 1942, KGAD
83 Predigt zur Einweihung der Kirche in Zuchwil, 30. August 1942, gedruckt, KGAD, Pfarrkreis Zuchwil
84 Diese Einschätzung in einem Interview mit der Tochter von A. Schädelin, Verena Stickelberger-Schädelin, von dieser bestätigt am 26. August 1997

Kirchenmännern» eine «exegetische Erörterung über die Tätigkeit der Frau im biblischen Zeitalter, hauptsächlich in der
christlichen Anfangszeit» vorzulegen.[85] Marie Speiser trug das
Anliegen in den 1939 gegründeten Schweizerischen Theologinnenverband, und an der Theologinnentagung 1945 wurde
beschlossen, als Verband von berufener Stelle um die Arbeit
zu bitten. Prof. Fritz Blanke sagte für die Freilegung der kir-
chengeschichtlichen Befunde über die erste nachchristliche
Zeit zu, Prof. Oscar Cullmann konnte der damaligen Dop-
pelbelastung in Basel und Strassburg wegen nicht zusagen.
Prof Franz J. Leenhardt, Genf, damals noch zusätzlich Dozent
in Montpellier, war bereit, die Arbeit über die Stellung der
Frau in der christlichen Gemeinde zu übernehmen. Diese erschien 1948 auf französisch als Nr. 1 der «Etudes Théologiques
et Religieuses de la Faculté Protestante de Montpellier». Die
Übersetzung ins Deutsche übernahm die Zürcher Theologin
Hedwig Weilenmann-Roth. 1949 erschienen beide Arbeiten
zusammen in der Reihe «Kirchliche Zeitfragen» als Heft 24
mit dem Gesamttitel «Die Stellung der Frau im Neuen Testament und in der Alten Kirche» im Zwingli-Verlag Zürich. Es
war die erste grundlegende Veröffentlichung über das Thema
in unserer Kirche, und wir Theologinnen haben uns seither
immer wieder darauf berufen.

Marie Speiser blieb bis 1958 im Dienst in Zuchwil, ab
1953 wie ihre drei Kollegen jeweils durch Urnenwahl bestätigt, nachdem 1952 durch Änderung von Kantonsverfassung
und Gemeindegesetz die Frauen uneingeschränktes Stimm-
und Wahlrecht im Kirchenwesen erreicht hatten. Ihre Wahl
wurde jedoch vom Regierungsrat von Solothurn nicht vali-
diert, weil Marie Speiser nicht als Pfarrer, sondern als Pfarrhelferin galt.[86] Aus gesundheitlichen Gründen musste sie sich
vorzeitig pensionieren lassen.

85 Brief vom 21. Dezember 1940, KGAD, Pfarrkreis Zuchwil
86 StAS, entsprechend Ratsmanual des Regierungsrates

Die Jahre 1941–1950

Es immatrikulierten sich:

Herbst	1941	Martha Stuber
Herbst	1942	Gertrud Wälchli
Herbst	1943	Katharina Frey, für zwei Semester, Weiterstudium in Basel, Abschluss mit dem Konkordatsexamen
Herbst	1944	Käthi Steiner
Herbst	1945	Claire-Lise Abravanel, für drei Semester, Studienabbruch
Frühling	1946	Alberta Berger, Holland, für ein Semester
Frühling	1947	Ruth Eggimann
Herbst	1947	Hanna Loosli
Herbst	1948	Barbara Reinhart, für ein Semester
Herbst	1950	Lucie Huber

Es schlossen das Studium mit dem Diplom als Gemeindehelferin, ab 1948 als Pfarrhelferin, ab:

Eugénie Elsässer	Herbst 1941
Sonja Ellenson	Frühling 1945
Anna Schneeberger	Frühling 1945
Martha Stuber	Frühling 1947
Gertrud Wälchli	Herbst 1948 erstmals auf dem zu «Pfarrhelferin» korrigierten Formular.

Keine der fünf arbeitete in einem Amt im Kanton Bern. Eugénie Elsässer arbeitete im Rahmen der YCWA in der Flüchtlingshilfe und verheiratete sich später, Sonja Ellenson und Anna Schneeberger verheirateten sich, Martha Stuber ging in die St.Galler Kirche, Gertrud Wälchli übernahm ein Vikariat in Strasbourg-Neudorf.

Im bernischen Kirchengebiet arbeiteten in diesem Jahrzehnt ausser Marie Speiser die Berner Theologinnen Anna Bachmann, frei schaffend in der Gefangenenseelsorge, im

Unterricht von Hilfsschülerinnen, ab 1946 auch im Kinderspital in Bern, und Dora Scheuner, die vom Diakonissenhaus zur Theologie zurückgekehrt war, als Religions- und Hebräischlehrerin.

Zwei Theologinnen, die ihr Studium in Zürich abgeschlossen hatten, wirkten in bernischen Gemeinden: Ruth Zulliger während zwei Jahren in Biel als Hilfe eines Pfarrers in der Blaukreuz-Arbeit und bei Hausbesuchen (Monatslohn Fr. 150.–), Hanna Wüest, 1945 von der Aargauer Kirche ordiniert, während 23 Jahren in der Paulusgemeinde in Bern mit dem Pflichtenheft einer Gemeindehelferin, erweitert durch Abendandachten und Predigt im Tiefenauspital.

Das Kirchengesetz von 1945

Im November 1943 legte der Direktor des Kirchenwesens, Regierungsrat Dr. Hugo Dürrenmatt, aktives Glied der evangelisch-reformierten Landeskirche, Vertreter der BGB, dem Regierungsrat zuhanden des Grossen Rates den Entwurf zu einem neuen Kirchengesetz als Ersatz für das längst revisionsbedürftige Gesetz von 1874 vor. Die Rechtskommission des Synodalrates hatte dazu einen Vorentwurf ausgearbeitet, den der Synodalrat im Oktober 1941 der Kirchendirektion überwiesen hatte. Dem jetzt vorgelegten Entwurf waren intensive Beratungen einer Expertenkommission aus Vertretern von Kirche und Staat vorangegangen.

In diesem neuen Gesetz war – durch den Einsatz der Sozialdemokraten im Grossen Rat – *das aktive und passive kirchliche Frauenstimm- und Wahlrecht* festgelegt, wodurch Frauen in die Synode wählbar wurden. Das war für die Theologinnenfrage nicht unbedeutend.

Der Gesetzesentwurf betraf mit zwei Artikeln die «weiblichen Theologiestudierenden» bzw. «die theologisch ausgebildeten Pfarrhelferinnen».

In Art. 22₃ (betreffend Prüfungskommission und Prüfungsreglemente):

«Die Ausbildung der weiblichen Theologiestudierenden wird ebenfalls durch die Prüfungsreglemente geordnet.»

Art. 26 (betreffend Wählbarkeit):
«Wählbar an öffentliche Kirchgemeinden und an öffentliche Anstalten sind nur konsekrierte und ordinierte Geistliche,[87] welche in den bernischen Kirchendienst aufgenommen worden sind.
Frauen sind als Pfarrer an öffentlichen Kirchgemeinden nicht wählbar.
Durch die kirchlichen Ordnungen der einzelnen Landeskirchen können den theologisch ausgebildeten Pfarrhelferinnen (Art. 22, Abs. 3) bestimmte Amtshandlungen übertragen werden.»
Heute wäre die Formulierung von Art. 26 Abs. 2 eine Ungeheuerlichkeit und Grund zur Klage, weil er dem Wortlaut nach Frauen allein aufgrund ihres Geschlechtes von der Wählbarkeit ausschliesst. Es ist interessant zu vernehmen, wie die damaligen Theologinnen reagierten, und mit welcher Begründung sie den Absatz ablehnten.

Im Januar und Februar 1944 fanden fünf regionale Pfarrertagungen zur Besprechung des Gesetzesentwurfs statt, an denen jeweils Kirchendirektor Hugo Dürrenmatt referierte und sich der Diskussion stellte, und die der Synodalratspräsident Pfr. Walter Matter leitete.[88] An der Tagung im Seeland nahm Marie Speiser teil und votierte als einzige zu Art. 26 Abs. 2: die heutige NT-Exegese vertrete den Standpunkt, dass die Frau in der ersten Gemeinde viel grössere Möglichkeiten hatte als man gewöhnlich annehme. Auf alle Fälle sei die Frage des weiblichen Pfarramtes noch umstritten. Es sei deshalb nach ihrer Überzeugung nicht zu verstehen, warum durch Abs. 2 Art. 26 diese offene Frage zum voraus entschieden werden solle. Sie wünschte eine Fassung, die ein Zurückkommen

---

87 Die Konsekration, in Anlehnung an die übrigen Kirchen der deutschsprachigen Schweiz in der neuen Kirchenordnung ebenfalls Ordination, ist die Ermächtigung durch die Kirche, alle pfarramtlichen Aufgaben zu übernehmen. Die Ermächtigung wird den Kandidaten in einer kirchlichen Feier nach bestandenem Examen gemeinsam erteilt. Sie bedeutet in der Regel auch die Empfehlung an den Staat, die Kandidaten in den staatlichen bernischen Kirchendienst aufzunehmen.

88 StAB, Synodalratsarchiv «B 52»

auf die Frage erlaube, ohne dass dann die Revision des Kirchengesetzes nötig wäre.

In Bern nahmen Dora Scheuner und Anna Bachmann an der Tagung teil. Dora Scheuner plädierte für die Streichung von Abs. 2, da unnötig, weil die Theologin als bis jetzt nicht Konsekrierte ohnehin nicht wählbar sei. Ihre Stellung als Pfarrhelferin sei ja in Abs. 3 fixiert. Zudem sei die Frage des weiblichen Pfarramtes theologisch noch nicht geklärt, deshalb sollte die Frage durch Abs. 2 nicht gesetzlich präjudiziert werden. Und sie fuhr fort: «Die bernischen Theologinnen haben für ihre Bestrebungen nie die modernen Frauenorganisationen beigezogen, da sie ihr Anliegen nicht auf dieser Linie sehen.» Dass Dora Scheuner in ihrem Votum scheinbar ohne Zusammenhang hier die modernen Frauenorganisationen erwähnte, beweist, dass sie von der Eingabe der Bernischen Frauenorganisationen wusste, die sich hinter die Art. 15 und 16 (kirchliches Frauenstimm- und wahlrecht) stellten, für die Art. 26, 61 und 63 (Pfarrhelferinnen und Mitgliedschaft im Synodalrat) aber eine Fassung verlangte, die den Frauen vermehrt Rechte einräumte. Die Eingabe wurde in der Folge von Mitgliedern der Frauenorganisationen an der Synode vom 10. März vervielfältigt an die Synodalen verteilt, im Juni ebenfalls an die Mitglieder der vorberatenden Kommission des Grossen Rates. Dora Scheuner wollte aber für das weibliche Pfarramt eine theologische Begründung, keine «frauenrechtlerische». Im übrigen wünschte Dora Scheuner in ihrem Votum auch eine Konsekration für Pfarrhelferinnen, weil diese sonst ohne Sendung der Kirche arbeiteten. «Konsekration» bedeutete in diesem Fall für sie die Ermächtigung durch die Kirche zur Ausübung des Berufes als Pfarrhelferin, nicht als Pfarrer, und die Sendung durch die Kirche in die Gemeindearbeit. Der Kirchendirektor nahm die Anregungen zur Prüfung entgegen.

An der Tagung in Biel verlangten die welschen Kollegen von der Kirche ein klares Ja oder Nein zum Frauenpfarramt. Der Entscheid sei nicht Sache des Staates, und darum gehöre die Entscheidung in die Kirchenordnung und nicht ins Kirchengesetz.[89]

Die Synode beriet den Gesetzesentwurf am 10. März und 18. April 1944.

Walter Gerber, Huttwil, früher Kollege von Marie Speiser in der Kirchgemeinde Derendingen, beantragte Streichung von Art. 26 Abs. 2 im Gesetz und verwies die Regelung des Frauenpfarramtes in die Kirchenordnung. «Ganz allgemein ist zu sagen, dass Frauen auch im Pfarrdienste Grosses leisten können und dass es eine Zurücksetzung wäre, wenn man ihnen hier auf Jahrzehnte hinaus die Türe verschliessen würde.» Pfr. Berthoud, Renan, unterstützte die Auffassung, worauf Prof. M. Haller sich als grundsätzlicher Gegner des weiblichen Pfarramtes erklärte. Pfr. Schärer, Ittigen, zweifelte daran, dass die Frauen den körperlichen Anforderungen eines Pfarramtes gewachsen wären. Nach Regierungsrat Dürrenmatt gehörte der Entscheid, ob eine Frau wählbar sei oder nicht, ins Gesetz, nicht in die Kirchenordnung. Aber: «Bei aller Hochachtung vor der Arbeit der Frauen ist es doch nicht ratsam, dem weiblichen Gemeindepfarramt die Türe aufzutun. Als Pfarrhelferin kann eine Frau gute Dienste leisten, aber man sollte von der Anstellung eigentlicher Pfarrerinnen absehen. Es ist dies weithin auch die Auffassung im Volke, und zwar auch in solchen Kreisen, die im übrigen zum kirchlichen Frauenstimmrecht eine zustimmende Haltung einnehmen.»

Der Antrag Gerber wurde abgelehnt, und so blieb der Satz «Frauen sind als Pfarrer an öffentlichen Kirchgemeinden nicht wählbar» stehen.[90]

Die Ergebnisse und Abänderungsvorschläge aus der Vernehmlassung und der Synode gingen zurück an den Regierungsrat. In seiner nächsten Sitzung am 21. April 1944 strich *der Regierungsrat* den Absatz 2 im Art. 26, die Frauen blieben ja auch so noch als nicht Konsekrierte und als mit «Pfarrhelferinnen» Bezeichnete vom vollen Pfarramt ausgeschlossen.

89 Da Pfarrer Staatsangestellte sind, war es am Staat zu sagen, ob er Frauen in den kirchlichen Staatsdienst aufnehmen wolle.
90 Verhandlungen der Kirchensynode vom 10. März und 18. April 1944

Die Theologinnen erfuhren von der Streichung erst aus dem revidierten Entwurf, der dem Grossen Rat für die erste Lesung am 21. September 1944 vorgelegt wurde. Das belegt ein Brief von Marie Speiser von anfangs Oktober 1944 an einen Kollegen: «Soeben erhalte ich den abgeänderten Entwurf zum neuen bernischen Kirchengesetz und sehe, dass in Art. 26, wo über die Geistlichen und ihre Wahlfähigkeit verordnet wird, jener Satz gestrichen ist, der die Frau vom vollen Pfarramt ausschliesst. Er ist, wie uns schon mündlich angedeutet worden ist, wohl in der Regierung bei der Beratung durch den Gesamtregierungsrat gestrichen worden.[91]

Der Grosse Rat, die Vertreter des von Dürrenmatt erwähnten Volkes, diskutierte sehr viel engagierter und pointierter als die Pfarrer der Synode über die Artikel, die die Theologinnen betrafen. Der Rat war geteilter Meinung, es gab dabei zwei Standpunkte, vertreten einerseits durch die Sozialdemokraten, andererseits durch die Vertreter der BGB. Grossrat J. Scherz, BGB, Landwirt, Scharnachthal, vertrat die Mehrheit der vorberatenden Kommission. Sie stand hinter den vorgelegten Artikeln und glaubte, das Bernervolk werde ihnen so zustimmen. Im Namen der Kommissionsminderheit beantragte Grossrat Chr. Stucki, SP, Sekundarlehrer, Riggisberg, alle die Theologinnen betreffenden Artikel zu streichen und die Frauen den Männern gleichzustellen, damit werde ein altes Unrecht gegenüber den Frauen aufgehoben. Ein solches Unrecht dürfe man in der heutigen Zeit nicht weiter bestehen lassen: «Wir wollen nicht zweierlei Recht.» Weitere sozialdemokratische Stimmen unterstützten ihn. Dr. G. Morf, Arzt und Psychologe, erkundigte sich, ob Ausbildung und Examen für männliche und weibliche Theologiestudierende gleich seien, was bei Medizinern und Juristen selbstverständlich sei. Regierungsrat Dürrenmatt zeigte den Unterschied im Studium bzw. beim Examen zwischen Frauen und Männern auf und begründete damit auch die verschiedene Berufsmöglichkeit. Dr. Morf wies jetzt auf Marie Speiser und ihre gute Arbeit hin, und er riet den Ratsmitgliedern, einmal nach Zuch-

91   KGAD, Pfarrkreis Zuchwil, Persönlicher Brief von Marie Speiser

wil zu gehen und zu sehen, «wie diese Fräulein Pfarrerin am-
tet!» Grossrat Geissbühler, SP, rief mit Hinweis auf Marie
Speiser dazu auf, Mut aufzubringen, den Schritt zu wagen
und nicht immer zu meinen, wir müssten an überlebten
Unterschieden festhalten, das Bernervolk würde zustimmen.
Grossrat Fritz von Fischer, BGB, Burgerratspräsident, sah dagegen nicht ein, wieso die Ungleichbehandlung ein Unrecht
sein sollte: «Wir sehen in dieser verschiedenen Behandlung
einen Ausfluss der Verschiedenheit der Geschlechter, also kein
Unrecht, sondern eine natürliche Erscheinung».

Regierungsrat Dürrenmatt warnte vor einer Überlastung
des Gesetzes, das schon das Frauenstimmrecht festlege, und
erklärte, weder die Synode, noch der Regierungsrat, noch die
Mehrheit der Kommission wolle die Gleichstellung, und auch
das Bernervolk sei wahrscheinlich nicht für weibliche Pfarrer.
«Ich kann mir die Wirksamkeit einer Frau oder Fräulein Pfarrerin als einzigem Pfarrer in einer Kirchgemeinde nicht vorstellen, wo sie also die ganze Seelsorge, auch diejenige für
Männer versehen sollte. Das ist etwas, was unserem Empfinden widerspricht.» Betreffend Marie Speiser erklärte er, sie sei
im Staatskalender als Pfarrer nicht aufgeführt, sie sei Pfarrhelferin, die in Zuchwil funktioniere, genau das, was jetzt im
Gesetz festgelegt werden solle.

Für den Antrag Stucki stimmten 25 Grossräte, dagegen 57.
Damit war die berufliche Gleichstellung der Theologin vom
Grossen Rat abgelehnt.[92]

In der zweiten Lesung blieben die Artikel unverändert,
und am 6. Mai 1945 nahmen die Stimmberechtigten des Kantons Bern das Gesetz mit 32'343 Ja zu 26'073 Nein an.

Ebenfalls am 6. Mai wurde als Nachfolger von Regierungsrat Dürrenmatt Dr. Markus Feldmann zum Regierungsrat gewählt, er übernahm am 5. Mai 1946 die Kirchendirektion.

Für die Theologinnen galten demnach:

Art. 22 Abs. 3: «Die Ausbildung der weiblichen Theologiestudierenden wird ebenfalls durch die Prüfungsreglemente geordnet.»

92 «Tagblatt des Grossen Rates» vom 21. September 1944

Art. 26 Abs. 2: «Durch die kirchlichen Ordnungen der einzelnen Landeskirchen können den theologisch ausgebildeten Pfarrhelferinnen (Art. 22 Abs. 3) bestimmte Amtshandlungen übertragen werden.»

Die Kirchenverfassung von 1946

Im angenommenen Kirchengesetz war (Art. 67) bestimmt, dass die Kirchensynode zur Ordnung der inneren kirchlichen Angelegenheiten eine Kirchenverfassung und die dazu gehörenden Ausführungsbestimmungen erlässt.

Die vorberatende Synodekommission war breit zusammengesetzt aus Synodalen, Laien, Synodalräten, Professoren verschiedener Richtungen und Regionen. Die Artikel über Wesen und Auftrag der Kirche (Art. 1 u. 2) sind das noch heute gültige Ergebnis des Bemühens um eine gemeinsame Basis für die Arbeit der Kirche.

Im Abschnitt III «Das Pfarramt» steht der Art. 34, der die Pfarrhelferinnen betrifft, der sich den im Kirchengesetz gesetzten Grenzen fügen musste und seinerseits auf die Kirchenordnung verwies.

Art. 34:
«Frauen, die das reglementarische Studium abgeschlossen haben, können in der Kirchgemeinde als Pfarrhelferinnen mit besondern Aufgaben betraut werden. Die Bedingungen der Wählbarkeit und der Aufgabenkreis werden in der Kirchenordnung umschrieben.»

Der Artikel passierte in der Synode vom 19. März 1946 diskussionslos. Die Kirchenverfassung wurde am 13. Oktober 1946 von den kirchlich Stimmberechtigten mit 11'774 Ja gegen 274 Nein angenommen und auf den 3. November 1946 in Kraft gesetzt.

Die Situation wird unhaltbar

Der 1940 – letztlich ad personam – beschlossene erweiterte Art. 57 der KO erwies sich in diesem Jahrzehnt in der Praxis als untauglich und führte mehrmals auf dem Rücken der Theologinnen zu Unstimmigkeiten zwischen Synodalrat und

Kirchgemeinden, zwischen Prüfungskommission und Synodalrat, bis es 1948 zwischen letzteren zum Eclat kam.

Jede in Art. 63 KO aufgeführte Amtshandlung, die ein Kirchgemeinderat seiner Pfarrhelferin übertragen wollte, bedurfte der Einwilligung des Synodalrates. Der Präsident der Prüfungskommission und der Synodalrat wachten anhand von Kirchenzetteln und Rückmeldungen darüber, ob die Vorschrift eingehalten werde. 1940 meldete Prof. Haller dem Synodalrat, die Theologin Alice Lüscher habe in Bremgarten auf der Kanzel gepredigt.[93] Der Synodalrat drückte für einmal beide Augen zu. – Wurde der Synodalrat aber ordnungsgemäss um Bewilligung ersucht (s. Kirchgemeinderat Oberbipp betr. Kunigunde Feldges), lehnte er diese ab.

Eine Auseinandersetzung des Synodalrates mit dem Kirchgemeinderat der Paulusgemeinde in Bern zog sich so über Jahre hin.[94] Der Kirchgemeinderat stellte 1946 an den Synodalrat das Gesuch, ihrer neugewählten, von der Aargauer Kirche ordinierten Pfarrhelferin Hanna Wüest alle in Art. 63 aufgeführten Amtshandlungen übertragen zu dürfen nach dem Vorbild Zuchwil. Der Synodalrat lehnte ab mit der Begründung, H. Wüest habe keine bernischen Examen abgelegt (M. Speiser hatte auch kein bernisches Examen), ihre männlichen Kollegen müssten im gleichen Fall vor der Prüfungskommission ein Kolloquium bestehen, was im Prüfungsreglement für Theologinnen nicht vorgesehen war. Dort war nur die Aufnahme von Theologinnen von Fakultäten der Westschweiz für französischsprachige Gemeinden geregelt. Der Synodalrat war nicht bereit, wegen dieser «Gesetzeslücke» der Paulusgemeinde eine Pfarrhelferin mit erweitertem Aufgabenbereich zuzugestehen, bezeichnete Marie Speiser als einen Ausnahmefall und war der Meinung, die Pfarrer der Gemeinde würden auch entlastet, wenn H. Wüest ausschliesslich die in § 57 vorgesehenen Aufgaben übernehme. Der Kirchgemeinderat reagierte ungehalten, erneuerte das Gesuch und wünschte insbesondere die Bewilligung für vier Morgengottesdienste in

93 Protokoll des Synodalrates vom 26. August 1940, StAB
94 Protokolle des Synodalrates von 1946–48, StAB

der Pauluskirche und drei Gottesdienste in Bremgarten. Aber der Synodalrat blieb bei seiner Haltung und wollte vor der neuen Kirchenordnung keine präjudizierenden Beschlüsse. 1948 kam die Rückmeldung in den Rat, H. Wüest habe den Morgengottesdienst im Schulhaus Bremgarten geleitet. Der Synodalrat «drückte» wieder einmal «beide Augen zu» und stellte ausdrücklich fest, dass der Amtsbereich für Pfarrhelferinnen nun dringend einer Klarstellung bedürfe. Als sich jedoch der Dienst von Hanna Wüest in Bremgarten wiederholte, gelangte der Synodalrat erneut an den Kirchgemeinderat und drückte sein Befremden über die Missachtung der Kirchenordnung aus. Die Situation erschwerte über lange Zeit die Arbeit von Hanna Wüest, doch rückblickend stellt sie dankbar fest: «Unterstützung fand ich aber stets bei der Gemeinde und einzelnen Kollegen.»[95]

Seit 1939 hatten auch die männlichen Studierenden vor dem praktischen Staatsexamen ein Praktikum in Form eines Lernvikariates bei einem Pfarrer in einer bernischen Gemeinde zu absolvieren, 1946 trat dafür eine umfassende Lernvikariatsordnung in Kraft. Auch die Theologinnen begannen nun, das von ihnen seit jeher geforderte Praktikum auf die gleiche Weise zu machen. Dora Ringgenberg 1940, Anna Schneeberger und Sonja Ellenson 1944/45 waren die ersten eigentlichen «Lernvikarinnen» in einer bernischen Gemeinde. Das führte je nach Aufgabenzuteilung durch den Lehrpfarrer wiederum zu Überschreitungen der KO, besonders als Sonja (nun) Sulser-Ellenson ihren Lehrpfarrer Fritz Buri während seiner Vortragstätigkeit in der Gemeinde vertrat. Es ist wohl nicht nur ein Schreibfehler, wenn sich Prof. Haller beim Synodalrat über die Ungesetzlichkeiten in «Teufelen» (statt Täuffelen) beklagt.[96] Zum eigentlichen Eclat kam es im November 1948 wegen des Vikariates von Gertrud Wälchli bei ihrem Namensvetter Pfr. Wälchli in Lauperswil. Der Kirchgemeinderat hatte schriftlich um Erlaubnis zur Predigtstellvertretung der Vikarin gebeten, aber der Synodalrat beantwortete die Anfrage nicht. So

95 In einem persönlichen Brief von Hanna Wüest an die Verfasserin, Juli 1993
96 Brief vom 22. November 1948, Korrespondenz Prüfungskommission «BB III b»

beauftragte der Kirchgemeinderat Gertrud Wälchli von sich aus zu predigen und notfalls auch vom Bezirkshelfer Stellvertretungen zu übernehmen. Ihr Lehrpfarrer ermutigte sie dazu. Wahrheitsgemäss erwähnte sie im für Lernvikare obligatorischen Tagebuch alle diese Einsätze. Darauf folgte eine Vorladung vor den Präsidenten der Prüfungskommission und eine heftige Auseinandersetzung, aus der Gertrud Wälchli neben andern ungeheuerlichen Vorhaltungen der Satz von Haller in Erinnerung geblieben ist, dass, sollten je Frauen in kirchliche Ämter kommen, das der Untergang der Kirche wäre. Der Präsident des Synodalrates, Walter Matter, war bei der Auseinandersetzung beschwichtigend dabei. Andere Professoren distanzierten sich gegenüber Gertrud Wälchli vom Vorgehen des Präsidenten der Prüfungskommission.[97] Der Synodalrat seinerseits lud Gertrud Wälchli am 15. November 1948 in seine Sitzung ein und beauftragte den Konsekrator ihrer Kollegen, Pfr. Hans v. Rütte, im Gottesdienst am 17. November auch Gertrud Wälchlis zu gedenken.[98]

Gertrud Wälchli

Nach der Konsekration stellte Prof. Haller, der nach 23 Jahren als Präsident der Prüfungskommission zurücktrat, in dieser Eigenschaft am 22. November schriftlich noch drei Anträge an den Synodalrat:[99]

– In Zukunft solle keiner Kandidatin mehr ein Lehrpfarrer zugewiesen werden. Die Kandidatin habe gemäss dem Prüfungsreglement für die weiblichen Studierenden selber eine Praktikumsstelle in Kranken- oder Gemeindepflege oder Schuldienst zu suchen. Das Praktikum sei ausdrücklich nicht als Lernvikariat zu bezeichnen, ein Tagebuch solle der Kandidatin nicht ausgehändigt werden.

– Der Synodalrat solle Pfarrämter und Theologinnen schriftlich an KO Art. 57 erinnern.

– Herrn Pfr. Wälchli sei schriftlich die Missbilligung seines Verhaltens auszudrücken. Je nach seiner Reaktion sei ihm kein Lernvikar mehr zuzuweisen.

97 Schriftlicher Bericht von G. Gutbub-Wälchli vom Juli 1993
98 Protokoll des Synodalrates vom 15. November 1948, StAB
99 Brief vom 22. November 1948, Korrespondenz Prüfungskommission «BB III b»

Gerügt wurde im Brief auch der Konsekrator und indirekt der Synodalrat, auf dessen Weisung Pfr. v. Rütte der Theologin gedacht hatte. Für die Zukunft schloss Haller für eine bei der Konsekration anwesende Theologin eine Fürbitte nicht aus, deren Text Prüfungskommission und Synodalrat gemeinsam erarbeiten müssten.

Der Synodalrat beschloss, auf den Brief nicht näher einzutreten und den Fragenkomplex mit dem neuen Präsidenten der Kommission, Prof. Kurt Guggisberg, zu behandeln: das Prüfungsreglement habe sich nach dem Kirchendienst und dessen Notwendigkeit zu richten, nicht umgekehrt, und es müsse dafür gesorgt werden, dass in der zukünftigen Kirchenordnung eine anständige und gerechte Berücksichtigung des Dienstes der Frau erfolge.[100]

Prof. M. Haller starb knappe zwei Monate später ganz unerwartet.

Von den beiden nächsten Kandidatinnen für ein Lernvikariat wies der Synodalrat 1950 Käthi Steiner wieder Pfr. Wälchli in Lauperswil zu, Hanna Loosli schickte er nach Frutigen zu Pfr. Hans von Rütte, allerdings mit der ausdrücklichen Auflage, die Vikarin dürfe nur abends und nur unter der Kanzel predigen, Taufe und Abendmahl seien nicht erlaubt. Gegen Ende des Vikariates hielt sie auch die Morgenpredigt auf der Kanzel mit der Begründung des Lehrpfarrers, man verstehe den Prediger auf der Kanzel besser, und für die weit verzweigte Gemeinde sei der Weg zur Kirche abends zu lang. Zur Austeilung des Abendmahls schickte er die Vikarin nach Brig und Visp, vom protestantisch-kirchlichen Hilfsverein betreute Gemeinden.

---

100 Protokoll des Synodalrates vom 22. November 1948

Die Jahre 1951–1960

Es immatrikulierten sich:

Herbst	1951	Esther Schaetti, für zwei Semester
Sommer	1952	Susanne Lüthi
Sommer	1953	Ellen Gerbeth, Deutschland, für zwei Semester
Herbst	1956	Verena Schneider
Sommer	1957	Susi Hausammann, für ein Semester
Herbst	1959	Ursula Ernst, als cand. theol. Zweitstudium, lic. phil. hist. Helene Fuhrer Ursula Langenegger, Studienabbruch als cand. theol.
Sommer	1960	Ursula Graf
Herbst	1960	Françoise Herren, für zwei Semester Evelyne Lotter Ursula Reber, für zwei Semester Margrit Stocker

Es schlossen das Studium mit dem Diplom als Pfarrhelferin ab:

Frühling	1951	Ruth Eggimann Käthi Steiner Hanna Loosli

Keine von ihnen arbeitete anschliessend in einer bernischen Gemeinde, Ruth Eggimann und Käthi Steiner heirateten, Hanna Loosli arbeitete zunächst «in der blauen Schürze» in den Bodelschwinghschen Anstalten in Bethel und bildete sich an der dortigen theologischen Hochschule in Homiletik weiter. Im folgenden Jahr verheiratete sie sich ebenfalls.

Nach dem *Prüfungsreglement für weibliche Studierende von 1919*, das 1957 aufgehoben wurde, schloss ihr Studium ab:

Frühling	1957	Susanne Lüthi, die sich anschliessend verheiratete.

Lucie Huber

Als erste bernische Theologin mit dem gleichen theoretischen und praktischen Examen wie die männlichen Studierenden und nach der Konsekration mit dem Titel VDM schloss ihr Studium ab:

Herbst 1958:   Lucie Huber

Sie wurde ins neu geschaffene Vikariat in Muri-Gümligen gewählt.

In diesem Jahrzehnt war *Marie Speiser* bis 1958 im Amt in Zuchwil, *Anna Bachmann* arbeitete weiter in der Gefangenenseelsorge und im Kinderspital, ab 1954 nach ihrer Konsekration beauftragt und bezahlt von der Gesamtkirchgemeinde Bern für die Seelsorge an aus dem Bezirksgefängnis entlassenen Frauen, *Dora Scheuner* als Religions- und Hebräischlehrerin, vom Regierungsrat im Sommer 1950 zur Lektorin an der Universität ernannt, 1954 von der Fakultät mit dem Dr. theol. h. c. geehrt, *Hanna Wüest* als Pfarrhelferin in der Paulusgemeinde, und *Katharina Frey,* mit Konkordatsexamen und von der Aargauerkirche ordiniert, seit 1955 als Vikarin in den Kirchgemeinden Frutigen/Adelboden. Zu ihnen stiess 1958 die Vikarin *Lucie Huber.*

In diesen zehn Jahren fielen nach einander die bisher für Theologinnen aufgestellten Hürden bis auf die letzte, die ihnen erst im folgenden Jahrzehnt aus dem Weg geräumt werden sollte.

Zunächst – die Möglichkeit hatte sogar Prof. Haller in seinem letzten Brief an den Synodalrat angetönt [101] – lud der Synodalrat im Frühling 1951 die drei Theologinnen Ruth Eggimann, Käthi Steiner und Hanna Loosli offiziell zur Konsekrationsfeier ein. Wie ihre Kollegen empfingen sie nach der Predigt vom Konsekrator feierlich einen persönlichen Segensspruch, die Männer kniend, sie stehend mit Handschlag. Der «Säemann» berichtete darüber: «Die Konsekration fand am 23. Mai in der Kirche Grossaffoltern statt. Auch die Theologinnen, die das Schlussexamen bestanden hatten, nahmen daran teil.» Ein Bild der drei Theologinnen erschien in der nächsten Nummer. Weiterum war man der Meinung, diese

101 Brief vom 22. November 1948, Korrespondenz Prüfungskommission «BB III b»

seien die ersten weiblichen Pfarrer überhaupt, ihre früheren Kolleginnen waren in den meisten bernischen Gemeinden bisher nicht wahrgenommen worden. Die Feier galt für die Theologinnen aber nicht als Konsekration, und sie wurden im Verzeichnis der Konsekrierten nicht aufgeführt.

Drei Theologinnen

Ebenfalls 1951 ist ein Entscheid der Justizdirektion interessant. Hanna Loosli hatte sich für ihren Aufenthalt in Bethel um das sog. Reisestipendium der Müslinstiftung beworben. Im Testament David Müslins war das Stipendium für «Theologen» bestimmt, und die Prüfungskommission gelangte an die Justizdirektion mit der Frage, ob es auch an eine Theologin ausbezahlt werden könne. Die Justizdirektion hielt dafür, dass Müslin seinerzeit (vor 150 Jahren) nicht an Theologinnen gedacht habe, dass sich aber «eine weitherzige Auslegung der Urkunde jetzt empfehle». Damit schloss die Justizdirektion in die männliche Bezeichnung «Theologen» die Frauen mit ein. Die Prüfungskommission teilte der Theologin einstimmig das Stipendium zu, allerdings nur die Hälfte des Betrages, den sie gleichzeitig einem Theologen auszahlte.[102]

Die Kirchenordnung von 1953

Sofort nach in Kraft Setzung der Kirchenverfassung wurde mit der Arbeit an der neuen Kirchenordnung begonnen. Die Synode vom Dezember 1946, in der *die zwei ersten Frauen in der Synode* Einsitz nahmen, wählte dafür die gleichen Kommissionsmitglieder wie für die Kirchenverfassung, erweitert durch je ein Mitglied aus Solothurn und dem Jura. Die Frauen waren in der Kommission nicht vertreten. Präsident war Dr. A. Küenzi, Gymnasiallehrer in Biel, Vertreter des Synodalrats Pfr. B. Zwicky. Die erste Sitzung fand aber erst im Februar 1950 statt, der Synodalrat wollte die Kirchenordnung selber ausarbeiten und der Kommission erst den fertigen Entwurf vorlegen.

Für die Artikel, die das «von einer Frau zu versehende Amt in der Gemeinde» betrafen, erachtete der Synodalrat vorgängig eine wissenschaftliche exegetisch-neutestamentliche Arbeit

102 Korrespondenz Prüfungskommission, «BB III b»

für erforderlich. Er dachte dafür an die Fakultät zu gelangen. «Die jetzt bestehende «Ordnung» in der bernischen Kirche ist ein mit schlechtem Gewissen geformter Kompromiss, dem man anmerkt, wie ein ursprünglicher Widerstand schrittweise zurückgedrängt wird. Ein klarer Entscheid, auch wenn er sehr umstritten ist, ist einer unehrlichen Kompilation vorzuziehen.»

Im ersten maschinengeschriebenen Entwurf zur Kirchenordnung ist deshalb vor den entsprechenden Artikeln ein Exkurs über das weibliche Pfarramt eingeschoben.[103] Dessen Verfasser ist namentlich nicht erwähnt, der Exkurs wird als «Überlegungen der ersten Bearbeiter» vorgestellt. Der Verfasser entkräftigt die mit 1. Kor. 14, 33–35 und 1. Tim. 2,12 begründeten Einwände gegen das Lehramt der Frau. In 1. Kor. 14 sieht er nicht das Lehramt, sondern das Reden der Frauen in den Gemeindeversammlungen angesprochen, und in Vers 12 in 1. Tim. 2 erkennt er die eigene Meinung des Paulus, nicht eine göttliche Weisung, gleich wie Paulus in 1. Kor. 7,25 auch ausdrücklich seine eigene Meinung zur Ehelosigkeit festhält. Gegenüber diesen Bibelstellen fragt er nach Schriftstellen, die alle andern überragen, und er hält Gal. 3, 26–29 und 1. Kor. 12 für solche höher zu bewertende Aussagen. In Gal. 3,26–29 wird die «absolute, unterschiedslose Glaubensunmittelbarkeit auch für die Frau» erklärt. In 1. Kor. 12, wo die Vielheit der Gaben aus dem einen Geist entfaltet wird, steht die Gnadengabe höher als die Persönlichkeit, die an Bedeutung verliert. Für das Wirken des Geistes ist das Geschlecht kein Kriterium, auch die Frau ist in dieses Wirken eingeschlossen und damit zum Einsatz ihrer Gaben ermächtigt. Die Vielheit und Verschiedenheit der Gaben bedeutet aber für den einzelnen auch eine Anweisung zur Begrenzung und persönlichen Beschränkung.

Aus diesen Überlegungen kommt er in bezug auf die Theologinnen zum Schluss, «dass im Gesamten der Gemeinde das Pfarramt, ausgeübt durch eine Frau zulässig ist, dass ihr auch alle Amtshandlungen übertragen werden können, dass

103 Neue Kirchenordnung von 1953, «B 55 e», StAB

sie aber als alleiniger Pfarrer der Gemeinde nicht in Frage kommt. Dieses Amt ist dem Manne vorzubehalten.»

Er überliess dem Synodalrat den grundsätzlichen Entscheid, sich positiv oder negativ zum weiblichen Pfarramt zu stellen, und schlug ihm für die Kirchenordnung zwei verschiedene je dem Grundsatzentscheid entsprechende Artikel vor. Der Synodalrat entschied sich für die Ermächtigung zu allen Amtshandlungen, was in der Folge die Konsekration und damit das grundsätzliche Ja der Kirche zum Pfarramt der Frau bedeutete, allerdings nur in Gemeinden mit mindestens einem weiteren von einem Mann besetzten Pfarramt.

Im Juli 1950 teilte die Kirchendirektion dem Synodalrat im Blick auf die neue Kirchenordnung mit, die Pfarrhelferinnen könnten wie Gemeindevikare behandelt und vom Staat zur Hälfte besoldet werden.[104] Das bedeutete für die bis anhin in einer gemeindeeigenen Stelle arbeitende und allein von der Kirchgemeinde besoldete Pfarrhelferin eine völlig neue Stellung in einer öffentlichen Kirchgemeinde. Die Frage nach der Aufnahme in den Kirchendienst bzw. ins bernische Ministerium und also die Wählbarkeit stand damit im Raum, ohne dass sie angesprochen wurde.

Entsprechend diesen Vorgaben lauteten die von Synodalrat und Synodalkommission bereinigten Artikel der neuen Kirchenordnung, die der Sondersynode vom August/September 1952 zur ersten Lesung vorgelegt wurden:

Art. 122:

In den Dienst einer Kirchgemeinde sind auch Frauen als Pfarrhelferinnen wählbar, welche die vorgeschriebenen Studien mit Einschluss des Lernvikariates zurückgelegt und die erforderlichen Ausweise erworben haben. Die Pfarrhelferin wird durch die Konsekration zur Führung ihres Amtes im Sinne der Übernahme aller pfarramtlichen Handlungen ermächtigt.

Die in dieser Kirchenordnung für die Pfarrer getroffenen Bestimmungen gelten sinngemäss für die Pfarrhelferinnen.

---

104 Protokoll des Synodalrates vom 17. Juli 1950, StAB

Für die Wählbarkeit von Pfarrhelferinnen mit auswärtigen Prüfungsausweisen gelten die Vorschriften des Prüfungsreglementes.

Art. 123:
Die Pfarrhelferin ist nur wählbar in Kirchgemeinden, welche schon einen oder mehrere Pfarrer im Hauptamt haben. Ihre Stellung ist der eines Gemeindevikars oder eines Hilfspfarrers gleichzusetzen mit dem Unterschied, dass ihr kein abgegrenztes Gebiet zugeteilt wird, sondern dass sie in der ganzen Gemeinde die Aufgaben übernimmt, für die sie besonders geeignet ist.
Die Gemeinde sorgt für ausreichende Altersversicherung.

Art. 124:
Die Wahl der Pfarrhelferin erfolgt durch den Kirchgemeinderat nach Ausschreibung der Stelle. Sie unterliegt der Genehmigung durch den Synodalrat und ist der Kirchendirektion mitzuteilen. Die Pfarrhelferin wird in einem Gottesdienst in ihr Amt eingesetzt.
Die *Synode* behandelte am *23. September 1952* die vorgeschlagenen Art. 122–124 in *erster Lesung.*[105]
Den zuerst gestellten Antrag von Pfr. E. Helbling, Biel, es sei «Pfarrhelferin» durch «Pfarrerin» zu ersetzen, lehnte die Synode ohne entsprechende Diskussion mit 59 zu 53 Stimmen knapp ab.
Zwei Problemkreise wurden angeschnitten:
– Zum erstenmal ergriff in der Synode eine Frau, Frau Dr. phil. Hedwig Stämpfli, Meikirch, das Wort zugunsten der Pfarrhelferinnen. Sie wünschte, dass die Einschränkung in deren Arbeit (kein abgegrenztes Gebiet, nur Aufgaben, für die sie besonders geeignet ist) gestrichen werde, die Pfarrhelferinnen sollten sich in der Arbeit über ihre Eignung und Leistung ausweisen können. Da sie ihren Wunsch nicht als Antrag formuliert hatte, wurde er wohl gehört, aber man ging darauf nicht ein.

105 Verhandlung der Kirchensynode vom 23. September 1952

– Dr. Knauer, Arzt in Biel, stellte – richtigerweise – die Frage nach der Wählbarkeit der Theologin. Der vorgeschlagene Art. 123 setzte die Stellung der Pfarrhelferin der eines Gemeindevikars oder Hilfspfarrers gleich, aber in der Praxis war ihre Wählbarkeit in ein Vikariat nicht möglich, da sie dazu in den Kirchendienst aufgenommen sein müsste, und da der Kommentar zum Kirchengesetz unter dem Geistlichen einen Mann voraussetzt. Dr. Knauer beantragte Rückweisung des Artikels zur Abklärung der Wählbarkeit. Pfr. Tenger hielt es für ausgeschlossen, dass die Kirchenordnung ein im Kirchengesetz nicht vorgesehenes Pfarramt der Frau einführen könne, Pfr. Meister, Blumenstein, hielt es jedoch auch aufgrund des Kirchengesetzes für möglich.

Rückweisung von Art. 123 wurde beschlossen und damit die Frage der Aufnahme der Theologinnen in den Kirchendienst bzw. ins Ministerium zur Abklärung dem Synodalrat überwiesen, der ein Rechtsgutachten für eventuell erforderlich erachtete.

Die *zweite Lesung* erfolgte am 28. Januar 1953.

Vorgängig hatten Besprechungen zwischen Synodalrat und Kirchendirektion stattgefunden. Die Kirchendirektion stellte klar, dass die Wahl einer Pfarrhelferin in ein Vikariat oder Hilfspfarramt die Aufnahme in den Kirchendienst und vorgängig die Konsekration voraussetze. Wenn beides erfüllt sei, sei die Pfarrhelferin nach Kirchengesetz auch in ein volles Pfarramt wählbar. Dafür sei aber die Revision des Kirchengesetzes nötig, was für die neue Kirchenordnung jedoch nicht abgewartet werden könne. Die Kirchendirektion zeigte sich im konkreten Fall zu einer extensiven Auslegung des Kirchengesetzes bereit.[106]

Um einen Widerspruch zum bestehenden Kirchengesetz auszumerzen, schlug darum der Präsident der Kommission, Dr. Küenzi, vor, in Art. 123 die erste Hälfte des zweiten Satzes, «Ihre Stellung ist der eines Gemeindevikars oder eines Hilfs-

106 Protokoll des Synodalrates vom 17. Juli 1950

pfarrers gleichzusetzen», sowie den letzten Satz zu streichen und dafür beizufügen: «Stellung und Besoldung werden aufgrund des Kirchengesetzes geordnet». So würde der Artikel dem gegenwärtigen Kirchengesetz entsprechen und müsste bei einer veränderten Rechtslage nicht geändert werden.[107]

Jetzt stellte Frau Dr. Stämpfli den formellen Antrag auf Streichung auch der zweiten Hälfte des zweiten Satzes von Art. 123: man sollte jetzt nicht die volle Entfaltung des weiblichen Pfarramtes verhindern. Nach Diskussion und Eventualanträgen wurde der diesen vorgezogene Antrag Stämpfli dem Kommissionsentwurf gegenüber gestellt und mit 59 zu 42 Stimmen angenommen.

Damit auch Art. 124 den jetzigen wie auch zukünftigen Rechtsverhältnissen gerecht sei, wurde er nach gewalteter Diskussion auf Vorschlag von Dr. Knauer formuliert und angenommen.

Die bereinigten und von der Synode beschlossenen Artikel lauteten demnach:

Art. 122:
«Als Pfarrhelferinnen sind Frauen wählbar, welche die vorgeschriebenen Studien und das Lernvikariat abgeschlossen und die erforderlichen Ausweise erworben haben.
Die Pfarrhelferin wird durch die Konsekration zur Führung ihres Amtes ermächtigt.
Die in der Kirchenordnung getroffenen Bestimmungen für die Pfarrer gelten sinngemäss für die Pfarrhelferinnen.
Für die Wählbarkeit von Pfarrhelferinnen mit auswärtigen Prüfungsausweisen gelten die Vorschriften des Prüfungsreglementes.»

Art. 123:
«Die Pfarrhelferin ist nur wählbar an Kirchgemeinden, die schon einen oder mehrere Pfarrer im Hauptamt haben. Stellung und Besoldung werden auf Grund des Kirchengesetzes geordnet.»

---

107 Verhandlung der Kirchensynode vom 28. Januar 1953

Art. 124:
«Die Wahl der Pfarrhelferin erfolgt durch den Kirchgemeinderat nach Ausschreibung der Stelle. Sie ist dem Synodalrat mitzuteilen.

Vorbehalten bleibt Art. 33 des Kirchengesetzes. Die Pfarrhelferin wird in einem Gottesdienst in ihr Amt eingesetzt.»

Die Diskussion in der Synode war – besonders durch die Voten und Anträge der Laien – für die Theologinnen günstig verlaufen, was sich auf die Kirchenordnung auswirkte. Aber die rechtliche Situation der Pfarrhelferinnen blieb verworrener denn je. Immer noch galt für sie das Prüfungsreglement von 1919, das ihnen zwar nach damaligem § 28 die gleichen wissenschaftlichen Examen ermöglichte, aber im praktischen Examen die schriftliche Katechese verwehrte. Auf diesen Unterschied von Ausbildung und Examen hatte Kirchendirektor Dürrenmatt bei der Beratung des Kirchengesetzes 1945 als Begründung für die beschränkten Berufsmöglichkeiten hingewiesen. Trotzdem war jetzt den Pfarrhelferinnen die gleiche Konsekration wie den Pfarrern zugesagt, die sie ermächtigte, alle pfarramtlichen Aufgaben zu übernehmen, das Kirchengesetz nannte jedoch «bestimmte Amtshandlungen». Auf die Konsekration folgte für die Theologinnen nicht die Empfehlung zur Aufnahme in den Kirchendienst. Trotzdem hatte die Kirchendirektion signalisiert, die Pfarrhelferinnen könnten wie Gemeindevikare oder Hilfspfarrer behandelt und besoldet werden, und dazu war die Aufnahme in den Kirchendienst Voraussetzung. Diese war aber darum nicht möglich, weil unter «Geistliche» im Kirchengesetz nur Männer gemeint waren. Die Kirchendirektion hatte aber angedeutet, zu einer extensiven Auslegung des Kirchengesetzes Hand zu bieten. Eine Klärung war dringend nötig.

Die erste Konsekration einer bernischen Theologin

Anna Bachmann, die erste immatrikulierte Theologiestudentin, ist auch die erste aufgrund der neuen Kirchenordnung konsekrierte bernische Theologin. Sie wurde am *10. November 1954* zusammen mit drei jungen Kollegen im Münster in Bern konsekriert, die Feier leitete Pfr. Oskar Römer aus Muri. Anna

Bachmann war nun 58 jährig, ohne Amt, als frei erwerbende Theologin hatte sie während 29 Jahren – teils freiwillig, teils im Auftrag – als Seelsorgerin an gefangenen Frauen gewirkt, hatte Hilfsschülerinnen unterwiesen und im Stundenlohn die Seelsorge im Kinderspital übernommen. Ihren Lebensunterhalt hatte sie sich mit Privatunterricht in Griechisch und Latein gesichert. In ihrem Herzen blieb sie Zeit ihres Lebens eine begeisterte, forschende Theologin, wohl zur Kirche der «Väter» aus Erfahrung etwas auf Distanz, aber umso hingebender und sorgfältiger in der Seelsorge an Benachteiligten. Auch jetzt suchte sie kein Amt, sie fühlte sich zu alt und nicht stark genug. Ihre Konsekration bedeutete ihr die öffentliche kirchliche Sendung in ihre Arbeit, die sie bisher gleichsam privat, aus innerer Berufung, getan hatte. Nach der Konsekration erhielt sie zusätzlich die Aufgabe zur Seelsorge an aus dem Bezirksgefängnis entlassenen Frauen und wurde dafür von der Gesamtkirchgemeinde Bern bezahlt, und sie konnte mit 58 Jahren als Spareinlegerin in die Pensionskasse eintreten. Auf ihr Gesuch, ihre seelsorgerliche Arbeit seit 1946 zur Erhöhung der zukünftigen Rente auch anzurechnen, wurde jedoch nicht eingegangen.[108] In der nicht immer leichten Arbeit für die Gefangenen, auch gegenüber Behörden, empfand sie ihre Konsekration als Stärkung. In einem Brief an den Theologinnenverband schrieb sie: «Leider ist man da oft froh um ein VDM.»

Die erste Aufnahme einer Theologin in den bernischen Kirchendienst

Der Kirchgemeinderat von Frutigen gelangte anfangs 1954 an den Synodalrat um Hilfe für die weitläufige Gemeinde.[109] Das Engstligental, ein Gemeindeteil, erstreckt sich über 16 km bis Adelboden, die Bäuerten lagen beidseits hoch über dem Tal, noch durch keine Fahrstrasse verbunden. Im Winter stapfte der Pfarrer durch hohen Schnee über Stunden bergauf zu seinen Gemeindegliedern. Der Synodalrat riet zu einem Vi-

108 Synodalratsakten, Schachtel «V 6, 17», StAB
109 Synodalratsarchiv, «F 54», Kirchgemeinden, StAB

kariat, die Kirchgemeinde hatte finanzielle Bedenken. Die Lösung sah man in einem von den beiden Gemeinden Frutigen und Adelboden gemeinsam getragenen Vikariat mit Sitz in Frutigen. Beide Gemeinden trafen sorgfältige Vorbereitungen, eine solche gemeindeübergreifende Stelle war noch nirgends verwirklicht. Auf Geheiss des Synodalrates wurde für den Vikar ein eigener Kreis abgegrenzt, zu Aufgaben in der Gesamtkirchgemeinde sollte er nicht verpflichtet werden. Das beschwerliche Gebiet stellte an den zukünftigen Vikar grosse körperliche Anforderungen. Für die Stelle meldete sich – es herrschte Pfarrermangel – einzig Katharina Frey, von der Aargauer Kirche ordinierte und ins aargauische Pfarrkollegium aufgenommene Theologin, als valable Kandidatin. Die beiden Kirchgemeinderäte wählten sie am 11. Mai 1955 einstimmig zur Vikarin, unter Vorbehalt der Aufnahme in den bernischen Kirchendienst und der Genehmigung der Wahl durch die Kirchendirektion. Am 29. Juni bestand sie das von den auswärtigen Kandidaten geforderte Kolloquium vor der Prüfungskommission, die K. Frey darauf, nach Rücksprache mit dem Synodalrat, zur Aufnahme in den Kirchendienst empfahl.

Katharina Frey

Am nächsten Tag bat auch der Kirchgemeinderat die Kirchendirektion um raschmögliche Aufnahme von Katharina Frey und um Genehmigung der Wahl, die Installation der Vikarin sei auf den 10. Juli festgelegt! Die Kirchendirektion handelte sehr rasch, die Aufnahme, in extensiver Auslegung des Kirchengesetzes, erfolgte am 8. Juli 1955, zwei Tage später wurde Katharina Frey installiert, und sie begann mit der Arbeit. Sie betreute – ihren zwei Kollegen in Frutigen und dem Kollegen in Adelboden gleichgestellt – ihren Kreis selbständig und war als Fräulein Pfarrer in Bergschuhen und Windjacke den erschwerten körperlichen Anstrengungen vollauf gewachsen. 1961 wurde das Vikariat in ein Hilfspfarramt umgewandelt, und Katharina Frey blieb als Hilfspfarrerin bis zu ihrer Wahl 1963 nach Kirchberg (AG) im Engstligental.

Vor der Aufnahme von K. Frey in den Kirchendienst hatte die Kirchendirektion den Synodalrat auf die Konsequenz hingewiesen, dass eine ins Ministerium aufgenommene Theologin nach Gesetz an alle Stellen wählbar sei, was die Bestimmungen der Kirchenordnung (nur in Gemeinden mit mehreren Pfarrern wählbar) sprengte. Der Synodalrat befürwortete die Aufnahme trotzdem, «denn es ist nicht anzunehmen, dass sie von einer Kirchgemeinde mit nur einem vollen Pfarramt in dieses gewählt wird», und im übrigen könne der Synodalrat in jedem Fall vorgängig Stellung nehmen.[110]

Jetzt meldeten sich die früheren bernischen Theologinnen: *Mathilde Merz*, Pfarrhelferin in Lenzburg, wurde am 16. November 1955 in Bern konsekriert und am 25. November 1955 in den bernischen Kirchendienst aufgenommen. Von da an durfte sie in ihrer Gemeinde das Abendmahl austeilen.

Hanna Wüest holte 1956 das Kolloquium für auswärtige Bewerber vor der Prüfungskommission nach und wurde, auch aufgrund ihrer guten Arbeit in der Gemeinde, zur Aufnahme in den Kirchendienst empfohlen und aufgenommen.

Dora (nun Roesler-) Ringgenberg, 1949 von der Solothurner Kirche ordiniert, liess sich 1959 in den bernischen Kirchendienst aufnehmen.

In den bernischen Kirchendienst wurden 1960 folgende auswärtige Kandidatinnen aufgenommen:

Ruth Abderhalden, Abschluss im Konkordat, Verweserin in Münsingen.

Edith Meier, Abschluss an der Lippe-Detmold'schen Landeskirche (D), Lernvikariat in Zimmerwald, prakt. Staatsexamen und Konsekration in Bern, Verweserin in Dürrenroth.

Zwei frühere Theologinnen meldeten sich Jahre später:

Dora Scheuner wünschte 1967 die Konsekration, nachdem sie wieder vermehrt zu predigen begonnen hatte. Sie wollte nicht nur Wissenschafterin sein, sondern im Amt der Verkündigung wirken. Mit Ernst und Freude liess sie sich dazu zusammen mit den jungen Kollegen in der Nydegg-Kirche ermächtigen.

---

110 Protokoll des Synodalrates vom 10. Januar 1955

Hanna (nun Lindt-) Loosli wurde 1979 in den bernischen Kirchendienst aufgenommen, nachdem der Synodalrat die Teilnahme an der Konsekration 1951 in Grossaffoltern als solche anerkannt hatte, und sie konnte in der Folge Kollegen und Kolleginnen installieren und als Synodalrätin Konsekrationsgottesdienste leiten.

Die Synoden von 1956 und 1957 und das neue Prüfungsreglement von 1957

Der Geschäftsbericht des Synodalrates über das Jahr 1955 zuhanden der Synode orientierte unter «neue Gemeindevikariate» auch über das Vikariat im Grenzgebiet Frutigen/Adelboden und dessen Besetzung mit einer Pfarrhelferin, die vorher nach Art. 26 des Kirchengesetzes in den Kirchendienst aufgenommen werden musste, und unter «Wählbarkeit der Pfarrhelferin» über die Mitteilung der Kirchendirektion, dass mit der Aufnahme in den Kirchendienst eine Pfarrhelferin an alle Pfarrstellen wählbar sei. Dies veranlasste Pfr. Dr. Walter Hutzli bei der Behandlung des Geschäftsberichtes in der *Synode vom Juni 1956* [111] zum Antrag, es sei die Revision des Kirchengesetzes anzustreben, da laut früheren Aussagen Theologinnen nicht unter «Geistliche» subsumiert werden können. Nachdem nun eine konsekrierte Theologin an alle Pfarrstellen wählbar sei, müsste das Kirchengesetz entsprechend geändert werden. Synodalrat Desaules, Biel, vertrat persönlich und als Vertreter des französisch sprachigen Teils die Meinung, dass die Kirchendirektion irre: das Kirchengesetz erlaube die Übertragung von gewissen, in Kirchenverfassung und Kirchenordnung präzise umschriebene Amtshandlungen an Pfarrhelferinnen, nicht aber ein volles Gemeindepfarramt.

Die Diskussion führte zu keiner Klärung, und so beschloss die Synode, die Frage für eine nächste Synode zu traktandieren.

In der *Synode vom 4. Juni 1957* [112] lag ein schriftlicher Bericht des Synodalrates vor. Darin war einerseits die Aufnahme

111 Verhandlungen der Kirchensynode vom Juni 1956
112 Verhandlungen der Kirchensynode vom 4. Juni 1957

der Vikarin von Frutigen/Adelboden in den Kirchendienst mit dem Pfarrermangel begründet, und andererseits stellte der Synodalrat die Frage, ob nicht die Kirchenordnung abgeändert und die Bezeichnung «Pfarrhelferin» durch «Pfarrerin» ersetzt werden sollte, umso mehr als die Theologinnen in Zukunft gemäss dem neuen Prüfungsreglement die gleichen Examen abzulegen hätten wie ihre Kollegen. Der Synodalrat stellte im Bericht keinen Antrag, sondern wünschte, in einer grundsätzlichen Aussprache die Ansicht der Synode zu hören. Synodalrat und Jurist Bähler erklärte mündlich, dass in der Praxis die gegenwärtige Regelung genüge, da die Kirchendirektion nötigenfalls stets zu einer extensiven Interpretation des Kirchengesetzes Hand bieten werde. Für eine grundsätzliche Regelung werde sich die bernische Devise «Eile mit Weile» bewähren.

Als erster Votant berichtete Pfr. Hans v. Rütte, Frutigen, von seinen guten Erfahrungen mit der Vikarin K. Frey und bat, mehr Eile als Weile walten zu lassen, die Theologinnen dürften nicht länger nur als Magd des Pfarrers gelten.

Pfr. W. Hutzli trat, wie ein Jahr zuvor, für die Revision des Kirchengesetzes ein, umso mehr als die Unterschiede in Studium und Examina, die 1945 als Begründung für die unterschiedlichen Berufsmöglichkeiten der Theologinnen angeführt worden waren, im neuen Prüfungsreglement aufgehoben seien.

Synodalrat Bähler vertrat nach wie vor ein «bewährtes, bedächtiges Vorwärtsschreiten», es bestünden referendumspolitische Bedenken bei sofortiger Gesetzesrevision.

Damit war die Frage der Wählbarkeit der Theologinnen in ein volles Pfarramt für vier Jahre stillgelegt.

Für *das neue Prüfungsreglement* schlug die Rechtskommission des Synodalrates im Zusammenhang mit der Wählbarkeit der Frau in ein Pfarramt vor, den bisherigen Abschnitt «Prüfungen für weibliche Studierende» fallen zu lassen und alle sich auf die Theologinnen beziehenden Bestimmungen zu streichen. Das Prüfungsreglement galt so für weibliche und männliche Studierende in gleicher Weise.

Die Prüfungskommission pflichtete dem Vorschlag bei, das Reglement wurde durch den Regierungsrat *auf den 1. Oktober 1957 in Kraft gesetzt.*

Als erste Theologin legte *Lucie Huber* das theoretische Staatsexamen im Frühling 1958 und das praktische Staatsexamen nach dem Vikariat *im Herbst 1958* nach neuem Reglement ab. Sie wurde mit ihren Kollegen im Münster in Bern durch Pfr. W. Hutzli konsekriert und bekam den gleichen Ausweis wie sie: *VDM.* Am folgenden Tag wurde sie wie ihre Kollegen durch den Regierungsrat in den bernischen Kirchendienst aufgenommen.

Die Jahre 1961–1965

Es immatrikulierten sich:
Herbst 1961 Anneliese von Gunten
Katharina Hübner
Herbst 1962 Dorothea Gysi
Verena Schmid
Verena Wyss
Monika Allard (D), für drei Semester
Herbst 1963 Katharina Eberhart
Margret Ramser
Ursula Schneider (D), für zwei Semester
Annemarie Vogt
Frühling 1964 Marianne Griasch (D), für zwei Semester
Herbst 1964 Therese Werren

Im Wintersemester 1964/65 studierten an der theologischen Fakultät in Bern 83 Studenten und 12 Studentinnen.

Konsekriert und in den Kirchendienst aufgenommen wurden:

1961 *Denise Piccard*, Abschluss als lic. theol. in Lausanne, konsekriert in La Neuveville, Pfarrhelferin an der französischen Gemeinde in Bern

1965 *Biber-Schneider Verena*, Pfarrerin in Moutier deutsch
Meyer-Fuhrer Helene, Vikarin in Bätterkinden

Auf Antrag der Fakultät wurde *Dora Scheuner* 1964 zur *Honorarprofessorin* durch den Regierungsrat ernannt.

Das Rechtsgutachten von Dr. Fritz Gygi, Fürsprecher, Bern

Im Herbst 1959 delegierte die Kirchgemeinde Derendingen Hanna Lindt-Loosli, damals in Subingen wohnhaft, in die Synode. Die bernischen Theologinnen sahen dadurch eine Möglichkeit, die Frage des vollen Pfarramts für Theologinnen und damit die berufliche Gleichberechtigung wieder aufzunehmen und klare Verhältnisse zu bewirken. Um selber klarer zu sehen und richtig vorzugehen, beauftragten sie – privat und auf eigene Kosten – Dr. Fritz Gygi, den nachmaligen Professor für Staatsrecht, mit einem Gutachten. Insbesondere stellten sie ihm die Frage: «Welche Gesetzesänderungen (KO, KG) sind dazu nötig, und welches ist das rechtlich richtige Vorgehen in dieser Sache?»

Im Oktober 1961 lieferte Gygi das neunseitige Gutachten ab, das Dora Scheuner, in ihrer direkten Art, gerade gut genug für den Papierkorb hielt!

In Wirklichkeit war das Gutachten aufschlussreich und realistisch, und seine Schlussfolgerungen waren völlig richtig. Aber es lautete für die Theologinnen nicht unbedingt günstig, und der vorgeschlagene Weg schien ihnen zu aufwendig.

Gygi hielt die Subsumierung von Theologinnen unter «Geistliche» grundsätzlich für möglich. «Auch dort wo der Gesetzgeber sich des Masculinums (z.B. Schweizerbürger, Eigentümer, Beamter und dergleichen) bedient, darf daraus keineswegs geschlossen werden, dass damit weibliche Personen ausgeschlossen wären oder durch diese Bestimmungen nicht betroffen würden (BGE 83 I 177 E 3; u.a.).[113] (In diesem Sinn hatte die Justizdirektion auch im Fall des Reisestipendiums der «Müslin Stiftung» entschieden, s. S. 79.)

Im konkreten Fall kam Gygi aber «beim Zurückgehen auf die Gesetzesmaterialien und auf die Verhandlungen im Rahmen der kirchlichen Behörden zum neuen Kirchengesetz» auf «ein eindeutig gegenteiliges Resultat».[114] Damals (1944) hatte Grossrat Stucki im Grossen Rat den Antrag gestellt, alle Arti-

---

113 Rechtsgutachten Dr. F. Gygi vom 27. Oktober 1961, S. 3
114 ebenda, S. 4

kel, die die Pfarrhelferinnen betrafen, im Gesetz zu streichen und so Theologen und Theologinnen gleichzustellen. Damit war die Grundsatzfrage der Gleichberechtigung von Pfarrhelferin und Pfarrer aufgeworfen, die nach «umfangreicher Diskussion» vom Grossen Rat förmlich abgelehnt wurde. Daraus schloss Gygi: «In Anbetracht dieser zweifelsfreien Manifestation der Absichten des Gesetzes glaube ich nicht, dass man auf dem Wege der blossen Auslegung oder Änderung der Auslegung und ohne Anpassung des Gesetzes das heute als wünschbar erachtete Resultat herbeiführen und die Theologinnen im Kirchendienst auf die gleiche Ebene wie die Pfarrer stellen dürfte».[115] Gygi gelangte damit – entgegen der Auffassung der Kirchendirektion – zur Überzeugung, dass eine Gleichstellung der Theologin mit den Theologen eine Gesetzesänderung bedinge.

Für die Änderung des Kirchengesetzes schlug er zwei mögliche Wege vor, entweder eine Volksinitiative, wozu 12'000 gültige Stimmen nötig waren, oder die Motion eines Grossrates in dieser Sache. Für die nachherige Anpassung der Kirchenordnung genüge es, Art. 122 bis 124 aufzuheben und den Begriff der Pfarrhelferin da, wo er vorkomme, zu streichen.

Gygi hielt also die Änderung des KG für unverzichtbar und vordringlich. Die Theologinnen hatten auf die Möglichkeit gehofft, Gygi erachte die Subsumierung der Theologinnen unter «Geistliche» für juristisch vertretbar. Nun fühlten sie sich als von den politischen Rechten Ausgeschlossene mit seiner Schlussfolgerung wieder einmal den Männern ausgeliefert. Ihnen selber blieben die Hände gebunden.

Die Stellung der Pfarrhelferin kommt erneut in die Synode

Die Theologinnen waren enttäuscht. Deshalb nutzte H. Lindt-Loosli ihre Möglichkeit als Synodale und reichte, an ein Votum von Dr. Stüssi in der vorhergehenden Synode anschliessend, für die *Synode vom 5. Dezember 1961* folgende von 35 Synodalen aus allen Fraktionen mitunterzeichnete Motion ein:[116]

115 ebenda, S. 6
116 Verhandlungen der Kirchensynode vom 5. Dezember 1961

«Der Synodalrat wird eingeladen, erneut die Lage zu prüfen, die entstanden ist durch die Einführung des neuen Prüfungsreglementes und die Aufnahme der Theologinnen in den Kirchendienst. Die Synode erwartet seine Vorschläge, wie die Bestimmungen der Kirchenverfassung und der Kirchenordnung dieser neuen Lage anzupassen seien. Im besonderen stellt sich die Frage, ob nicht den Theologinnen, die konsekriert und in den Kirchendienst aufgenommen sind, die Ausübung des vollen Pfarramtes zu ermöglichen sei.»

Die Motion bezog sich bewusst nur auf die innerkirchlichen Gesetze und war absichtlich so offen formuliert. Sie warf den Ball dem Synodalrat zu, es war an ihm, sich der Frage anzunehmen und der Synode Vorschläge zu unterbreiten.

Hanna Lindt-Loosli

Die Motionärin, der Synodalrat, der die Motion zur Annahme empfahl, und Pfr. W. Hutzli, der die Motionärin in ihrer Absicht von Anfang an unterstützt hatte, waren sich einig über die unbefriedigende und ungenügende rechtliche Situation, die einer klaren Lösung bedurfte.

Zwei Votanten meldeten Bedenken an und waren für die Beibehaltung von Art. 123 der Kirchenordnung (Wahl der Pfarrhelferin nur in Kirchgemeinden, die schon einen oder mehrere Pfarrer haben):

Pfr. F. von Steiger, Sumiswald, erklärte, anderer Meinung als die Zeitströmung zu sein. Drei Gründe führte er an:

Die Furcht, dass durch eine Frau als Pfarrer die Ansicht im Volk bestärkt werde, dass Religion, Kirche und Frömmigkeit für Kinder, Frauen und alte Männlein ist; die Rücksichtslosigkeit der Welt gegenüber der alleinstehenden Frau; die Gefährdung der Bedeutung des Pfarrhauses und der Pfarrfamilie in der Gemeinde.

Pfr. J. de Roulet, Péry, vertrat die Minderheit der Vertreter des Juras in der Synode. Er zweifelte daran, dass das Kirchenvolk für das volle Pfarramt der Frau wirklich bereit sei. Er hielt die theologischen Fragen für noch nicht genügend geklärt und fürchtete, dass dadurch die Gegensätze zwischen den Kirchen, die in der Frage verschiedener Meinung seien, noch unterstrichen würden.

Die Synode überwies die Motion mit 112 Ja gegenüber 4 Nein.

Der Synodalrat versprach, alle Fragen, die sich dabei stellten, auch die theologische, zu behandeln und der Synode einen umfassenden Bericht vorzulegen, damit dieses Thema endgültig bereinigt werden könne.

Auf die Zusage der Kirchendirektion hin, nach geänderten Artikeln der kirchlichen Gesetze stehe sie zum vollen Pfarramt der Frau, arbeitete die Rechtskommission des Synodalrates für die *Synode vom 4. Dezember 1962* eine entsprechende Fassung der Artikel aus. Diese ermöglichten den Theologinnen den Zutritt zum vollen Pfarramt, allerdings nur in Gemeinden, wo neben der Theologin noch ein Gemeindepfarrer amtete. In der allen Synodalen verschickten Beilage zum Traktandum war diese Einschränkung mit der Tradition begründet. «Zwar bevorzugte in der Geschichte der christlichen Kirche bisher die Entwicklung der Sakramentslehre und des Pfarrerstandes den Mann. Jede christliche Gemeinde bleibt aber auch weiterhin frei, ob sie einen Pfarrer oder eine Pfarrerin wählen will. Immerhin ist der Synodalrat der Auffassung, dass eine Theologin nur dann an ein volles Pfarramt wählbar sein sollte, wenn dort mindestens ein Gemeindepfarramt durch einen Gemeindepfarrer ausgeübt wird.»[117]

Die der Synode vom Synodalrat vorgelegten Artikel für die Kirchenverfassung und die Kirchenordnung lauteten:

Kirchenverfassung Art. 34:

«Theologinnen, die konsekriert und in den bernischen Kirchendienst aufgenommen sind, können in einer Kirchgemeinde, in welcher bereits ein oder weitere Pfarrämter durch einen Theologen ausgeübt werden, als vollamtlicher Pfarrer gewählt werden.

In den bernischen Kirchendienst aufgenommene Theologinnen sind an vollamtliche Pfarrstellen mit besondern Aufgaben wählbar.»

---

117 Beilage des Synodalrates zum Traktandum 14 der Synode vom 4. Dezember 1962

Kirchenordnung Art. 94, neuer Absatz 2:
Als Pfarrer, Hilfspfarrer, Vikar, Bezirkshelfer und Verweser können sowohl Theologinnen wie Theologen in gleicher Weise gewählt werden. Vorbehalten bleibt Art. 34 der Kirchenverfassung.

Die Artikel 122–124 der KO wurden aufgehoben und der Ausdruck «Pfarrhelferin» überall gestrichen.

Ein paar Tage vor der Synode trafen sich die Motionärin und der Landwirt und Synodale Fritz Moser aus dem Dürrgraben (heute Heimisbach). Dieser hatte erlebt, dass in einer banachbarten Gemeinde mit nur einem Pfarramt die Theologin, die dort Verweserin war und sich als einzige auf die Stelle gemeldet hatte, nicht wählbar war, und dass die Gemeinde seither verwaist blieb. Er stand uneingeschränkt zum Pfarramt der Frau und sah, dass im vorgeschlagenen Artikel der Kirchenverfassung gerade die Landgemeinden mit nur einem Pfarramt von der Möglichkeit ausgeschlossen blieben, eine Theologin zu wählen. Die beiden legten ihre Strategie für die bevorstehende Synode fest. Die Motionärin als Theologin wollte dem Synodalrat für die Vorschläge danken, aber die Einschränkung bedauern. Der Bauer als Vertreter der Basis wollte von der Gemeinde her den Antrag auf Streichung der Einschränkung stellen.

An der *Synode vom 4. Dezember 1962* meldete sich als erster Votant Pfr. Georges Moeschler, Biel, Delegierter des französischen Teils der Berner Kirche. Er vermisste – wie ein Jahr zuvor Pfr. J. de Roulet und auch im Sinne von Synodalrat Pfr. Desaules – die theologische Begründung. Man vergesse, dass das Ministerium an eine von Christus selber eingesetzte Institution anknüpfe, dass aber Christus nur Männer in das Apostelamt eingesetzt, nur Männern die Gabe der Wunderzeichen anvertraut, nur Männer in die Mission geschickt habe und nicht Frauen. Wo die Schrift sage «da ist weder Mann noch Frau», sei nicht ein Amt gemeint, sondern die Taufe. Im Neuen Testament finde man die Frau nur als Diakonisse, nie als Apostel oder Bischof. Im Namen der jurassischen Gruppe in der Synode beantragte er, das Problem des Amtes der Theologin sei vorerst der theologischen Kommission des Kirchenbundes zu unterbreiten, um es gesamtschweizerisch zu lösen.

Der Synodalrat gab zu, dass die theologische Frage nicht abgeklärt worden sei, beurteilte aber die Einwände, die der Jura vorbringen liess, eher als historische denn als theologische. Theologische Bedenken hätten viel früher angemeldet werden müssen, nämlich damals, als man der Theologin die Möglichkeit der Konsekration und der Aufnahme in den Kirchendienst einräumte. Der Antrag Moeschler sei nichts anderes als ein Rückweisungsantrag. Einen solchen, präzisierte Moeschler, wolle er nicht stellen.

Jetzt votierte die Motionärin wie mit F. Moser abgemacht und empfahl der Synode, die vorgeschlagenen Artikel – trotz Bedauern über die Einschränkung – anzunehmen.

Darauf trat der Bauer F. Moser, ein Mann der Basis, alter Tradition gemäss im Halbleinen, ganz Vertreter des Emmentaler Volkes, nach vorn und sagte der Synode – in Anspielung auf die Beilage des Synodalrates zum Traktandum –, dass es in der Kirche keineswegs immer so bleiben müsse, dass sie den Mann bevorzuge. Er stellte den Antrag, die Einschränkung fallen zu lassen und die Theologin als voll wählbar zu erklären. Die Synode reagierte mit grossem Beifall!

Dem Antrag Moser entsprechend lautete der Art. 34, Abs. 1 der Kirchenverfassung:

> «Theologinnen, die konsekriert und in den bernischen Kirchendienst aufgenommen sind, können als vollamtliche Pfarrer gewählt werden.»

Dieser Artikel wurde dem vom Synodalrat vorgeschlagenen Wortlaut gegenüber gestellt und mit grossem Mehr gegenüber 26 Stimmen angenommen.

Die Schlussabstimmung ergab Annahme der vom Synodalrat vorgeschlagenen Artikel, modifiziert durch den Antrag Moser, mit 176 Ja bei 18 Gegenstimmen.

Damit war in Kirchenverfassung und Kirchenordnung die volle berufliche Gleichstellung von Theologen und Theologinnen erreicht.

Eine kurze Episode aus der Synode muss hier noch erwähnt werden.

Pfr. Pierre Balmer, Moutier, ebenfalls ein Vertreter des Juras, stellte die Frage, was geschehen werde, wenn eine im Vollamt stehende Theologin sich zu verheiraten wünsche, was in der Synode einzig Heiterkeit auslöste. Die Frage war jedoch ernst gemeint. Vielleicht klang gefühlsmässig die Vorstellung von «reinen» Priesterinnen an. Tatsache war jedenfalls, dass bis zum damaligen Zeitpunkt 1962 alle theologischen bernischen Amtsinhaberinnen ledig waren, und dass alle bernischen Theologinnen, die sich verheiratet hatten, nicht beruflich tätig waren. Es gab noch keine Teilzeitstellen und keinen Mutterschaftsurlaub, und die Rollenverteilung in Ehe und Familie war noch allgemein vorgegeben. Die Frage von Pfr. Balmer hatte durchaus einen praktischen Sinn.[118]

Die Kirchenordnung lag in der Kompetenz der Synode. Die Änderung der Kirchenverfassung unterlag dem obligatorischen Referendum und musste durch die kirchlich Stimmberechtigten genehmigt werden. Der Synodalrat setzte die Abstimmung auf den 17. März 1963 fest und blieb dabei, auch als die Kirchendirektion – auf ein Rechtsgutachten von Prof. Dr. iur. Hans Huber hin – den Synodalrat darauf aufmerksam machte, dass die kirchlichen Erlasse erst in Kraft träten, wenn auch das Kirchengesetz geändert sei.[119]

Das Rechtsgutachten von Prof. Dr. iur. Hans Huber, Bern

Nach der Synode vom 4. Dezember ersuchte der Kirchendirektor am 20. Dezember 1962 Prof. Huber schriftlich um ein Rechtsgutachten. Die von Huber zu beantwortende Frage war folgendermassen formuliert: «Ist der von der Synode gefasste Beschluss, wenn er nach Durchführung des Referendums zustande kommt, gemäss Kirchengesetz rechtlich haltbar?»

Prof. Huber lieferte sein Gutachten von 17 Seiten am 3. Januar 1963 ab. Anders als F. Gygi ein gutes Jahr zuvor hatte Prof. Huber zunächst die seither von der Synode beschlossenen Artikel der kirchlichen Gesetze im Blick auf deren Übereinstimmung mit dem staatlichen Kirchengesetz zu be-

118 In der Kirchenverfassung Basel war der Zölibat für Pfarrerinnen bis 1975 festgelegt.
119 Brief vom 16. Januar 1963 der Kirchendirektion an den Synodalrat, StAB

urteilen. Er stellte dabei Fragen: Wurde in der eingereichten Motion von H. Lindt die Frage, ob das KG auch revidiert werden müsse, absichtlich oder unabsichtlich übergangen? Warum liess der Synodalrat von einer Änderung des staatlichen KG überhaupt nichts verlauten? Hielt er diese für entbehrlich? Oder war er der Ansicht, es sei nicht Sache der Synode, eine Revision des KG anzuregen, sondern der Staat habe diese von sich aus an die Hand zu nehmen? Hätte der Synodalrat nicht mindestens seine Ansicht über die Reihenfolge des Vorgehens (KG-KV-KO) vortragen sollen? «Man muss also feststellen, dass die Antragstellung des Synodalrates an die Synode, oder doch ihre Begründung, jedenfalls was das Verfahren anbelangt, zum mindesten nicht vollständig war.»[120]

Weiter stellt Huber fest, dass schon das revidierte Prüfungsreglement, die neue Konsekrationspraxis und die Aufnahme von Theologinnen in den bernischen Kirchendienst einer Änderung des KG bedurft hätten. «Statt bei den Grundlagen einer Neugestaltung fing man also mit der Neugestaltung selber an, ohne sich um die Rechtsgrundlagen vorderhand zu kümmern. An diesem «umgekehrten» Vorgehen war ohne Zweifel auch der Staat beteiligt, man denke an die Änderung des Prüfungsreglementes durch den Regierungsrat oder an die Praxis der Aufnahme in den Kirchendienst» (Extensive Auslegung!).[121]

«Rechtlich ist diese Auffassung nun aber unrichtig und verkehrt.»[122] Es ist der Staat, der durch sein Kirchengesetz bestimmen will, ob und inwieweit in den Kirchendienst auch Frauen als ausgebildete Theologinnen aufgenommen werden können. Das bedeutet, dass sich die KV und die KO auf eine Ermächtigung des KG muss stützen können, wenn sie die Frage des weiblichen Pfarramtes regeln will. Die Revision des KG hätte darum der Revision von KV und KO vorausgehen sollen. Das bedeutet, dass die Revision der KV, sollte sie in der Abstimmung angenommen werden, erst rechtskräftig würde, wenn das staatliche Kirchengesetz seinerseits gültig re-

---

120 Gutachten Prof. Dr. iur. H. Huber, S. 4
121 ebenda
122 ebenda

vidiert wäre. Doch Prof. Huber gewinnt dem «verkehrten» Vorgehen auch Positives ab: «Dieses Vorgehen hätte für den kantonalen Gesetzgeber den Vorteil, dass er über die Auffassungen innerhalb der evangelischen Landeskirche besser unterrichtet würde und dass er sich erst an seine Aufgabe heranmachen müsste, wenn sich in der Abstimmung innerhalb der Kirche eine Mehrheit für die Zulassung der Frau zum vollen Pfarramt ergeben hätte.»[123] Synodenberatung und Abstimmung gälten so für den Staat als ausgeübtes «Vorberatungsrecht» der Kirche.

Huber wendet sich dann dem bestehenden Art. 26 des KG zu. Im Absatz 1 sind unter «Geistliche» nur Männer gemeint, wogegen sich Absatz 2 auf die theologisch ausgebildeten Frauen bezieht. «Frauen können nur in den Kreis der Pfarrhelferinnen gelangen und können nur bestimmte Amtshandlungen vornehmen.»[124] In der Vorbereitungs- und Entstehungszeit des KG 1945 galt die allgemeinherrschende Anschauung, dass Frauen allenfalls zu Pfarrhelferinnen, nicht aber zu Pfarrerinnen berufen seien. «Daraus erwächst noch heute eine Verbindlichkeit für die Auslegung.» «Deshalb kann eine Revision des KG nicht umgangen werden, wenn wir jetzt über das Pfarramt der Frau anders denken.»

Huber legt dem Regierungsrat und dem Grossen Rat nahe, die unumgängliche Revision des Kirchengesetzes nicht zu verweigern, wenn Bedürfnis und Wille der evangelisch-reformierten Landeskirche glaubwürdig erscheinen. Die ihm gestellte Frage beantwortet er abschliessend: «Damit der von der Synode gefasste Beschluss über die Zulassung der Theologinnen zum vollen Pfarramt gültig werden und in Kraft gesetzt werden könnte, bedürfte es selbst im Falle der Annahme des neuen Art. 34 der Kirchenverfassung in der Referendumsabstimmung dann vorgängig noch der Revision des kantonalen Kirchengesetzes.»[125]

---

123 ebenda, S. 15
124 ebenda, S. 9
125 ebenda, S. 16

Die Diskussion vor der Abstimmung und die Abstimmung
über das uneingeschränkte Pfarramt der Theologin
vom 17. März 1963 durch die kichlich Stimmberechtigten
(Frauen und Männer)

In der Vorbereitung auf die Abstimmung wurde die Frage des
Pfarramtes der Frau endlich in die Gemeinden getragen und
an Gemeindeanlässen, Podiumsdiskussionen, in Vorträgen, in
kirchlichen Blättern und ausführlich auch in Tageszeitungen
während drei Monaten engagiert und auch kontrovers diskutiert.

In den Tageszeitungen war schon die Berichterstattung
über die vergangene Synode vom 4. Dezember 1962 beacht-
lich. So setzte *Der Bund*[126] am folgenden Tag auf der Titel-
seite die Schlagzeile «In Zukunft volles Pfarramt für die Frau».
Auf der zweiten Seite hiess es dann: «Es stehen also künftig
der Wählbarkeit der Theologinnen an ein Pfarramt keine
Schranken mehr im Wege.» Auch das *Berner Tagblatt*[127] und
das *Bieler Tagblatt*[128] berichteten im gleichen Sinn. Die
Basler Nachrichten[129] brachten ebenfalls am Tag nach der
Synode auf der Seite «Schweiz» einen Bericht unter dem Titel
«Volles Berner Pfarramt für Frauen».

Im Blick auf die bevorstehende Abstimmung widmete das
Berner Tagblatt[130] dem Thema eine ganze Seite mit einer
Interwiew-Reportage des Redaktors H. Daepp. Der Kirchendirektor F. Moser, die Motionärin, die als Verweserin arbeitende Theologin Edith Meier, Pfr. K. Kaiser, der Synodalratspräsident Pfr. Ch. Stucky und der Dekan der röm.-kath.
Gemeinde Bern, Pfr. J. Stalder, kamen zum Wort. Der Kirchendirektor stellte das juristische Vorgehen vor, die beiden
Frauen sprachen sich für das Ja aus, Pfr. Kaiser befürwortete
für die Theologin Spezialaufgaben, kein Gemeindepfarramt,
der Synodalratspräsident sah im vollen Pfarramt der Frau eine
begrüssenswerte Neuerung, Dekan Stalder hielt – im Unter-

126 Bund Nr. 520 v. 5.12.1962
127 Berner Tagblatt Nr. 334 v. 6.12.1962
128 Bieler Tagblatt v. 5.12.1962
129 Basler Nachrichten Nr. 517 v. 5.12.1962
130 Berner Tagblatt Nr. 68 v. 10.3.1963

schied zum katholischen Weihepriestertum – in der evangelisch-reformierten Kirche die Frau im Pfarramt für möglich.
Der *«Bund»*[131] und das *«Bieler Tagblatt»*[132] brachten den
gleichen ausgezeichneten Artikel (Verfasser nicht mehr eru-
ierbar), der das pro und contra vorstellte, die Bibelstellen, die
gegen das Lehramt der Frau zu sprechen schienen, und nam-
hafte Theologen zitierte, die in neuer Exegese die Einwände
entkräfteten. Der Artikel wünschte, dass die Frau in der Äm-
terfrage mitdenken und mitarbeiten könne und hoffte auf
einen positiven Ausgang der Abstimmung, der «ein Schritt zu
echter christlicher Partnerschaft» wäre. Ebenfalls im *«Bieler
Tagblatt»*[133] schrieb der Gemeindepfarrer H. Dreyer einen
warm befürwortenden Artikel, und die Zeitung berichtete
ausführlich über ein Podiumsgespräch im Rahmen des Ar-
beitskreises für Zeitfragen, an dem im vollbesetzten Saal u. a.
Prof. W. Bernet aus Zürich und Pfr. Ruth Epting aus Basel
teilgenommen hatten. Die *«Seeländer Volkszeitung»*[134] als so-
zialistische Stimme sah die Gleichberechtigung der Frau nicht
in der Gleichstellung verwirklicht, sondern in der Zuweisung
von Aufgaben, die ihrer fraulichen Eigenart am besten entsprechen, was in der Institution des Pfarramtes nicht möglich
sei. Sie warf die Frage der Oekumene auf und mahnte zur Zurückhaltung. Vor allem beschäftigte die Zeitung die Besol-
dungsfrage, und der Artikel schloss: «Pressiert es wirklich so,
um die bernische Theologin kirchenrechtlich und besoldungs-
mässig in die obersten Ränge hinaufzubringen, während die
Schweiz in dem, was sie für die Mutter tut, von den europäi-
schen Staaten in den letzten Rängen zurückgeblieben ist?».
Besonders heftig und kontrovers behandelte die *«Solothurner
Zeitung»* das Thema. Sie berichtete auf der Seite «Kirche und
Welt» in einem langen Artikel mit dem Titel «Wollen wir
Pfarrerinnen?» über die Synode.[135] Der Redaktor R. Zbinden
hielt die von der Synode beschlossene Neuordnung für eine

131 Bund Nr. 93 v. 3. 3. 1963
132 Bieler Tagblatt Nr. 44 v. 22. 2. 1963
133 Bieler Tagblatt v. 13. 3. 1963
134 Seeländer Volkszeitung v. 9. 2. 1963
135 Solothurner Zeitung Nr. 285 v. 7. 12. 1962

blosse Modernität, und er warnte die befürwortende Mehrheit der Synode, dem Trugschluss zu verfallen, das Kirchenvolk sei im selben Zahlenverhältnis bereit, seiner obersten Behörde auf dem von ihr eingeschlagenen Weg zu folgen. Es gehe nicht an, aus der berechtigten Gleichberechtigung der Frau in Kirchgemeinden das Recht abzuleiten, die Frau sei auch im Lehramt gleichzustellen. Hier habe man sich an der Heiligen Schrift und komplementär an der Tradition zu orientieren, von wo her absolut nichts für die Gleichberechtigung von Mann und Frau im Lehramt spreche. Der Schöpfer selbst habe die Unterschiede zwischen Mann und Frau gewollt, und der Frau seien andere Aufgaben zur Erfüllung überbunden als dem Mann. Der Artikel wies auf die Gefahr für die Oekumene hin und hielt eine Spaltung sogar in der eigenen Kirche für möglich. «Wir erachten es als unsere Pflicht, schon jetzt die geplante Neuerung mit aller Entschiedenheit abzulehnen.» Die Zeitung bot Raum für die Veröffentlichung von Leserzuschriften aus beiden Lagern an. Dieses Angebot wurde unter der Rubrik «Aus dem Leserkreis» eifrig benützt, die Diskussion zog sich über fünf Wochen hin. Besonders fundiert[136] und positiv äusserten sich Laien, darunter auch Frauen, wogegen von Pfarrerseite[137] gehässige und beleidigende Worte geschrieben wurden, etwa dass noch nie eine Frau gut gepredigt habe, dass ihre Stimme für die meisten Kirchen nicht ausreiche, dass man sie «aus christlicher Liebespflicht» nicht vor Burschen im Flegelalter und vor spitzmäulige Teenagers stellen könne, dass Männer nur zu Männern von ihren Sorgen redeten, Frauen sich nur von Pfarrern, nicht von einer Frau, seelsorgerlich betreuen liessen usw. Die Diskussion wurde endlich durch einen Artikel aus Zuchwil beendet,[138] der unter dem Titel «24 Jahre Pfarrerin in Zuchwil» mit Hochachtung vom Wirken von Marie Speiser berichtete, der schlichten, allem Äusserlichen abholden, in persönlichen Begehren anspruchslosen Dienerin Gottes. Der Artikel schloss: «Wo immer eine Frau im Pfarramt aus ech-

136 Solothurner Zeitung vom 15./16.12.1962 und v. 23.12.1962
137 Solothurner Zeitung v. 29./30.12.1962
138 Solothurner Zeitung v. 12./13.1.1963

tem Glauben und Gehorsam heraus lebt, da wird auch ihrem Dienst die Verheissung nicht fehlen. Das dankbar zu bezeugen, möchten in dieser Stunde lebhafter Diskussion um das weibliche Pfarramt all jene nicht unterlassen, die mit Frl. Pfr. Speiser während Jahren zusammen gearbeitet haben!» Eine Woche vor der Abstimmung meldete sich Redaktor R. Z. noch einmal[139] und stellte dem Kirchgemeinderat Solothurn Fragen bezüglich des Abstimmungsmodus und verlangte an der Kirchgemeindeversammlung keine Diskussion und geheime Abstimmung.

In den *Gemeindeblättern* der reformierten Kirchgemeinden Solothurn[140] und Derendingen[141] verfolgte man die Diskussion in der Solothurner Zeitung, und man distanzierte sich von Form und Haltung des Redaktors. In der reformierten Kirchgemeinde Solothurn verfassten *engagierte Frauen* ihrerseits eine Stellungnahme und gaben sie da und dort weiter. Die katholischen Gemeinden und Behörden beteiligten sich an der Diskussion nicht.

Im Januar 1963 trafen sich die *Frauen der Synode mit den bernischen Theologinnen* im Berchtoldhaus in Bern zu einer Tagung mit Marie Speiser als Hauptreferentin. In ihrem Auftrag arbeiteten die drei Theologinnen D. Scheuner, A. Stamm und H. Lindt gemeinsam eine Botschaft zur Abstimmung aus mit den Abschnitten «Warum eine Verfassungsänderung?», «Warum für die Theologin ein volles Pfarramt ohne Einschränkung?» und «Wie ist das Pfarramt der Frau in der Heiligen Schrift begründet?». An der Tagung wurde beschlossen, auf Artikel und Leserbriefe gegen die Verfassungsänderung nicht zu antworten, sondern dafür zu sorgen, dass in den betreffenden Zeitungen ein guter befürwortender Artikel erscheine.

Der «Säemann»[142] machte die Abstimmung zum Schwerpunkt der Nummer vom März 1963. Den rechtlichen Sachverhalt erläuterte der Kirchenschreiber und Jurist R. Hofer,

139   Solothurner Zeitung v. 10. 3. 1963
140   Gemeindeblatt Solothurn Nr. I 1963 und Nr. II 1963
141   Gemeindeblatt Derendingen v. 1. 3. 1963
142   Der Säemann Nr. 3 vom März 1963

die Motionärin verfasste den Abschnitt «Was spricht dafür?», und Pfr. F. von Steiger legte die Gründe zum «Was spricht dagegen?» dar. Der Redaktor, Pfr. E. W. Jampen, ermunterte in einem Nachwort: «Auch ängstliche Gemüter beiderlei Geschlechts dürfen herzhaft ihr Ja zu dieser Kirchenverfassungsänderung geben.» «Darum sagen wir ja zu dieser Änderung, weil sie einen Zwang aufhebt.»

Eine besondere Haltung nahmen die Kirchgemeinderäte und die Pfarrer der drei französischsprachigen Kirchgemeinden der Stadt Biel ein. Sie verschickten einen Brief an alle Gemeindeglieder mit den Einwänden gegen das Pfarramt der Frau, die die Vertreter der Bezirkssynode Jura schon in der Kantonssynode geäussert hatten, und sie luden in jeder Gemeinde zu einem Informationsabend ein. Im Brief waren auch vier Argumente der Befürworter formuliert:

– Das Evangelium muss verkündet werden. Warum soll es durch Frauen nicht ebenso gut wie durch Männer geschehen?
– Frauen haben heute Zugang zu allen Berufen – warum sollten sie nicht Pfarrer werden?
– Es besteht Pfarrermangel. Warum soll man nicht die Theologinnen brauchen?
– Damit der Reichtum der verschiedenen Gaben von Frau und Mann zur Geltung kommt, müssen sie die gleichen Möglichkeiten haben.

Darauf folgten drei Argumente der Gegner:
– Die Bibel anerkennt die verschiedenen Gaben von Mann und Frau seit der Schöpfung. Diese Verschiedenheit setzt sich in der Kirche fort: Mann und Frau haben ihren verschiedenen Platz und ihre eigene Aufgabe.
– Jesus hat Männer zu Aposteln gewählt, und in der ersten Kirche wurde die Leitung der Gemeinde und die Verwaltung der Sakramente ausschliesslich Männern anvertraut. Wir haben nicht das Recht abzuändern, was Christus und die Apostel eingesetzt haben.
– In der alten Kirche hat nur die Sekte um Marcion Frauen erlaubt, die Mittel der Gnade zu verwalten.

Zum Schluss führte der Brief die Argumente derjenigen auf, die Nein stimmen werden, weil sie der Überzeugung sind, dass die Frage noch zu wenig geklärt ist:

- Man möge warten, bis Gottes Wille sich der Kirche deutlich zeigt.
- Eine einzelne Kirche dürfe nicht selber entscheiden, man solle die Haltung des ökumenischen Rates beachten, auf alle Fälle müsse der Kirchenbund befragt werden.
- Die bis jetzt gemachten Erfahrungen mit Theologinnen in den Gemeinden seien zu wenig zahlreich und zu wenig eindeutig, um endgültig zu entscheiden.
- Der Dienst der Frau in der Kirche soll nicht aufs Pfarramt als einzig möglichen Dienst fixiert sein.

Die Haltung und Argumentation der Verfasser des Briefes war ohne Zweifel beeinflusst vom Amtsbegriff des Neuenburger Professors J.J. von Allmen.[143]

Im Gegenzug kopierten und verteilten andere französischsprachige Pfarrer zwanzig Thesen von J. de Senarclens, Professor für Dogmatik an der Universität Genf, der aufgrund sorgfältiger Exegese zum Schluss kam, dass die Theologin als Pfarrerin den im männlich geprägten Pfarramt verloren gegangenen Reichtum beider Geschlechter wieder einbringen werde. Gegenüber der Oekumene erachtete er die Mitarbeit der Frau im Pfarramt als das reformierte Zeugnis für eine offene und menschliche Kirche als einer bekennenden Gemeinschaft, treu ihrer Grundbestimmung «comme corps et comme épouse de Jesus-Christ».

Anfangs März gelangte der Synodalrat doch noch mit der Anfrage an den Schweizerischen Evangelischen Kirchenbund,

---

143 J.J. von Allmen in «Diener sind wir», 1958: «Im Blick auf den Bewerber und die Ordination werden Würde und Fähigkeit sowie Gesundheit zur Bedingung gemacht. Hier würde ich noch lieber die traditionelle Bedingung der Männlichkeit hinzufügen. Man leugnet die biblische Auffassung vom Menschen, die im Geschlecht einen wesentlichen Teil des Menschen sieht, man vergisst die ernsthaft theologische Aussage des Paulus über die Rangordnung der Geschlechter. Man übersieht, dass Christus Mann und nicht Frau geworden ist, und man bekämpft die Überlieferung der Kirche von anderen Grundlagen als von der Schrift her, wenn man Frauen zum Pfarramt ordiniert.»

ob er bereit sei, seine theologische Kommission zu beauftragen, die Frage des weiblichen Pfarramtes abzuklären. Ende April, nach der Abstimmung der Stimmberechtigten der Berner Kirche, meldete der Kirchenbund, dass er sich mit der Anfrage noch nicht habe befassen können, er werde den Synodalrat aber weiter orientieren. Unseres Wissens hat sich die theologische Kommission bis heute nicht mit der Frage befasst, die einzelnen Landeskirchen fällten ihren Beschluss aus eigener Überlegung.

Die Abstimmung über den Art. 34 der Kirchenverfassung fand in allen Kirchgemeinden am 17. März 1963 statt. In den meisten der 210 bernischen und 8 solothurnischen Gemeinden wurde das Ergebnis in offener Abstimmung in Kirchgemeindeversammlungen nach dem Gottesdienst ermittelt.

Die Einsetzung der Theologin in ein volles Pfarramt wurde mit 12'062 Ja gegen 1036 Nein angenommen.

Es verwarfen die Gemeinden Bleienbach, Lotzwil, Orvin, Porrentruy, Renan, Sonceboz-Sombeval, Sonvilier, Sornetan.

Die Gemeinde Biel, deutsch und französisch, stimmte mit 916 Ja zu 145 Nein der Verfassungsänderung zu, Bern mit 1663 Ja zu 110 Nein, Thun 806 Ja zu 44 Nein, die Haltung der französischsprachigen Gemeinden hatte doch eine gewisse Wirkung.

In der Folge beantragte der Synodalrat der Kirchendirektion, die Revision des Kirchengesetzes einzuleiten. Ein gleicher Antrag ging an die Solothurner Regierung, wobei das Gemeindegesetz von 1952 keiner Anpassung bedurfte.

Das volle Pfarramt der Frau ohne Einschränkung wird rechtsgültig

In seiner Sitzung vom 14. Mai 1964 bestellte der *Grosse Rat* die Kommission, die die Revision des Kirchengesetzes vorzubereiten hatte, und die ihren Vorschlag dem Grossen Rat am *9. September 1964 zur ersten Lesung* vorlegte.

Kommissionspräsident Arni, Mötschwil, stellte die Gründe zur Änderung vor: Die Stellung der Frau habe sich in der Öffentlichkeit und auch in den Berufen in den letzten Jahren stark verändert, im Rahmen dieser Entwicklung werde auch

der Beruf der Theologin ganz anders beurteilt als früher. Die
kirchliche Abstimmung habe gezeigt, dass die kirchlichen Be-
hörden und das Kirchenvolk die volle Gleichstellung wollen.
Die Wählbarkeit der Theologen sei im Gesetz eine äussere
Angelegenheit, dem Inhalt nach aber im Grunde eine innere
Angelegenheit der Kirche. Auch angesichts des Pfarrerman-
gels beantrage die Kommission einstimmig Zustimmung zum
Abänderungsvorschlag.

Die Diskussion wurde nicht verlangt, der Grosse Rat
nahm den Vorschlag einstimmig an.

In der *zweiten Lesung vom 11. November 1964* stimmte der
Grosse Rat ebenfalls ohne Diskussion einstimmig den abgeänderten Artikeln zu.

Die Volksabstimmung über die Revision des Kirchengesetzes (nur Männer waren stimmberechtigt) wurde auf den
28. März 1965 festgesetzt.

Der Artikel 26 über die Wählbarkeit der Geistlichen wurde durch einen Absatz 2 ergänzt:

«Unter den gleichen Voraussetzungen sind an die genannten
Pfarrstellen der Evangelisch-reformierten Landeskirche auch
Frauen wählbar.»

Ein Artikel 30 bis wurde eingefügt:

«Für die Evangelisch-reformierte Landeskirche finden alle Bestimmungen dieses Gesetzes sowie anderer gesetzlicher Erlasse,
die Bezeichnungen wie Geistliche, Pfarrer, Vikar, Hilfsgeistlicher, Verweser, Inhaber, Bewerber, Bezirkshelfer enthalten, auf
Pfarrerinnen sinngemäss Anwendung.»

Wo im Gesetz bis jetzt die Pfarrhelferin genannt war, wurde
der Begriff gestrichen, da die beiden andern Landeskirchen
(römisch-katholische und christkatholische) deren Beruf nicht
kannten.

Für den Synodalrat stellte sich die Frage, ob er sich zur
staatlichen Abstimmungsvorlage äussern solle. Er entschied
sich nur knapp dazu, im Kreisschreiben vor der Abstimmung
und in der Presse die Vorlage zur Annahme zu empfehlen.

Die Revision des Kirchengesetzes wurde am 28. Februar 1965 mit *93'682 Ja gegen 39'635 Nein* angenommen, was die uneingeschränkte Wählbarkeit der evangelisch-reformierten Pfarrerin in jede Gemeinde bedeutete.

Die erste Installation einer Theologin in das Einzelpfarramt einer bernischen Kirchgemeinde

Edith Meier

In der Folge wählte am 13. Juni 1965 die Versammlung der Kirchgemeinde *Schlosswil* mit nur einer Pfarrstelle die Theologin Edith Meier, Vikarin in der Kirchgemeinde Köniz, zu ihrer Pfarrerin. Die Installationsfeier fand am 29. August 1965 statt, die Predigt hielt Synodalrat Pfr. M. Wyttenbach. Zum erstenmal war – wie bei gewählten Pfarrern – auch der Staat beteiligt. Regierungsstatthalter Lauener hatte vor versammelter Gemeinde das Wahlprotokoll mit der Annahmeerklärung der Gewählten sowie die Wahlurkunde zu verlesen und die Urkunde der Pfarrerin zu überreichen. Er begann seine Ansprache mit den Worten: «Die Versammlung der hiesigen Kirchgemeinde hat Frl. Pfarrer Edith Meier zur neuen Seelsorgerin gewählt. Ihre Kirchgemeinde hat mit dieser Wahl erstmals von der Abänderung des Kirchengesetzes, die am 28. Februar dieses Jahres von den Stimmbürgern beschlossen wurde, Gebrauch gemacht. Mit dieser Gesetzesänderung, die bereits am 17. März 1963 vom evangelisch-reformierten Kirchenvolk gutgeheissen wurde, ist die unbeschränkte Wählbarkeit von Theologinnen zum vollen Gemeindepfarramt ermöglicht worden. Wir alle hoffen, dass sich diese Änderung zum Wohle der evangelisch-reformierten Landeskirche auswirken wird und ihr zum Segen gereiche.» [144]

Von jetzt an war es an den Theologinnen, das seit Jahrhunderten von Männern geprägte Pfarramt als Frau zu gestalten. Dora Scheuner hatte 1932 noch gefragt: «Ist das heutige Pfarramt denn so, dass es für uns erstrebenswert ist?» Und sie hatte die Theologinnen davor gewarnt, das Pfarramt des Mannes blindlings nachzuahmen.

144 Manuskript der Ansprache von Regierungsstatthalter Lauener, Archiv des Regierungsstatthalteramtes, Schloss, Schlosswil

Seither hatten Theologinnen und Kirchgemeinden Erfahrungen gemacht. Diese Erfahrungen hatten Theologinnen und Frauen der Synode in ihrer Botschaft zur Abstimmung von 1963 so zusammengefasst:

«Gerade angesichts des neutestamentlichen Gemeindelebens kann uns der Gedanke schwer machen, dass der Posten unseres kirchlichen Einmannsystems, wie es leider die Einrichtung unserer Pfarrämter oft ist, von einer Frau übernommen werden soll. Doch zeigt hier die jahrelange Erfahrung mit dem bisherigen Dienst von Theologinnen etwas Neues: Dass die Pfarrerin in der Gemeinde Mitarbeiter braucht und diese fördert und der Abstand zwischen Theologen und Laien kleiner wird. Vielleicht hilft das vermehrte pfarramtliche Wirken der Frau, neue Formen des kirchlichen Lebens zu finden, die uns als Gemeindeglieder verantwortlicher und tüchtiger machen. Und was können wir als Christen für die kommende Zeit dringender brauchen, als viele Männer und Frauen, die Zeugen werden für das Evangelium?»[145]

Es war das Jahr 1965. Die ersten Theologinnen, die ihr Studium ohne Berufsaussichten aufgenommen hatten, waren ins Pensionsalter gekommen. Die erste Theologinnengeneration hatte – vorab durch ihre Arbeit – die berufliche Gleichberechtigung für die nachfolgenden Kolleginnen erwirkt. Diese begannen ihr Studium unter andern Bedingungen und mit klaren Berufsaussichten. Ihre Probleme wurden andere. Zum grossen Teil verheirateten sie sich und wollten ihren Beruf deswegen nicht aufgeben. Sie hatten so ihre Rolle als Pfarrerin, Frau und Mutter neu zu definieren. Das Vollpfarramt wurde in Frage gestellt, und das rüttelte allgemein am traditionellen Pfarrerbild. Als der Synodalrat 1982 beim erneuten Pfarrermangel aus eigener Initiative die Möglichkeit von 50% Stellen schuf, um verheiratete Theologinnen in den Beruf zurückzuholen, meldeten sich für die Stellen als erste Pfarrer aus einem Vollamt. – Auch theologisch suchten die Theologinnen ihre eigene Identität. Auf dem Hintergrund der allgemeinen

---

145 Botschaft zur Abstimmung vom 17. März 1963 der Frauen der bernischen Kirchensynode und der bernischen Theologinnen, S. 3

Frauengeschichte und eigener Erfahrungen erwuchs im Rahmen der feministischen Bewegung für viele als Befreiung die feministische Theologie.

Die ersten Theologinnen beobachteten die Entwicklung aus der Ferne. Marie Speiser schüttelte über die Strukturfragen etwa leise den Kopf, andere lächelten: «Was haben wir denn getan? Wir lasen die Bibel doch immer als Frauen.»[146]

Theologinnen sind wie wir alle Teil der Gesellschaft mit ihren je eigenen Fragestellungen und Problemen. Es ist faszinierend, als Theologin, als VDM, die Botschaft, um deretwillen sie das Studium begonnen und den Beruf gewählt hat, in die jeweilige Situation so auszurichten, dass sie verstanden und aufgenommen werden kann.

146 Marianne Kappeler in «Reformiertes Forum» Nr. 43 vom 25. Oktober 1991, S. 11

Übersicht

1874   KG § 25 und § 26: Wahlfähigkeit der Pfarrer aller drei Landeskirchen.

1917   23. Oktober: erste Immatrikulation einer Frau an der evang.-theol. Fakultät Bern (Anna Bachmann).

1917   12. Dezember: Motion Prof. Marti / Hadorn in der Kirchensynode betreffend «theologisch gebildete Pfarrhelferinnen».

1918   KO Art. 57: den Kirchgemeinden wird gestattet, auf ihre Kosten theologisch gebildete Gemeindehelferinnen anzustellen.

1919   27. September: Abschnitt v des Prüfungsreglements «Prüfungen für weibliche Studierende» durch Regierungsrat genehmigt.

1923   Erstes Diplom als Gemeindehelferin erteilt (Alice Aeschbacher).

1924   Kirchenverwaltungskommission der Stadt Bern erlässt ein Regulativ für die Anstellung der Gemeindehelferinnen.

1925   Mai: erste Gemeindehelferinnenstelle für die drei Gemeinden Münster, Nydegg und Johannes geschaffen. 1. Juni 1925 Wahl von Alice Aeschbacher.

1925   Herbst: Stelle an Friedenskirchgemeinde, Mathilde Merz gewählt.

1927   6. Dezember: Änderung KO Art. 57: «Pfarrhelferin» ersetzt «Gemeindehelferin».

1929   8. Dezember: erste Installation einer Pfarrhelferin in die neu geschaffene Stelle in der Johannes Gemeinde (Dora Scheuner).

1933   November: Wahl von Marie Speiser in das neu geschaffene Vikariat in Zuchwil, Kirchgemeinde Derendingen.

1934   Mai: gedruckte Einladung zur «Installation für Frl. Pfarrer Marie Speiser» von Kirchgemeinde verschickt.

1940   Synode vom 10. Dezember: Erweiterung des Art. 57 der KO: der Synodalrat kann Übernahme aller Amtshandlungen an Pfarrhelferinnen bewilligen, bei deren

Eignung und besondern Bedürfnissen der Kirchgemeinde.

1942   27. August: Synodalrat wendet Erweiterung von Art. 57 als Ausnahme für Marie Speiser an.

1945   Neues KG: durch die kirchlichen Ordnungen der einzelnen Landeskirchen können den Pfarrhelferinnen bestimmte Amtshandlungen übertragen werden.

1946   KV: Pfarrhelferinnen können mit besondern Aufgaben betraut werden.

1953   Neue KO: Pfarrhelferin wird konsekriert und ist wählbar an Kirchgemeinden, die schon einen oder mehrere Pfarrer im Hauptamt haben.

1954   10. November: erste Konsekration einer Pfarrhelferin (Anna Bachmann).

1955   Erste Aufnahme einer Theologin in den bernischen Kirchendienst durch den Regierungsrat, in extensiver Auslegung des KG (Katharina Frey).

1957   1. Oktober: Aufhebung des Prüfungsreglementes für weibliche Studierende, gleiche Examen für Frauen und Männer.

1958   Erste Theologin Abschluss mit Prüfung, Konsekration, VDM, Aufnahme in Kirchendienst wie Männer (Lucie Huber).

1962   Synode vom 4. Dezember: in KO und KV volle berufliche Gleichstellung von Theologinnen und Theologen.

1963   KV durch kirchliche Abstimmung bestätigt.

1965   28. Februar: Gleichstellung durch Änderung des KG in einer Volksabstimmung ebenfalls beschlossen.

1965   29. August: Installation der ersten Pfarrerin in das Einzelpfarramt Schlosswil (Edith Meier).

II Thematische Aspekte

Die Berner Kirche
und die theologische Argumentation
in der Theologinnenfrage

Wichtige Entscheide, hinter die es kein Zurückgehen gab, waren die Wahl von Marie Speiser in einen selbständigen Gemeindekreis durch den Kirchgemeinderat Derendingen 1933, die Übertragung aller pfarramtlichen Amtshandlungen an sie durch den Synodalrat 1942, die Wahl von Katharina Frey in das Vikariat Frutigen/Adelboden und in der Folge ihre Aufnahme in den bernischen Kirchendienst durch den Regierungsrat 1954 und die Annahme des Antrags von Fritz Moser betreffend das volle Pfarramt durch die Synode 1961. In keinem Fall wurde theologisch argumentiert. Marie Speiser wurde gewählt, weil zu wenig Geld für eine Pfarrerbesoldung da war, die Amtshandlungen übertrug ihr der Synodalrat ebenfalls aus Rücksicht auf die finanzschwache Gemeinde (und damit glaubte er einen Präzedenzfall zu vermeiden), K. Frey wurde mangels eines männlichen Kandidaten gewählt, und die Motivation zum Antrag Moser war ebenfalls der Pfarrermangel. Die Frauen sahen sich als billigere Arbeitskraft und Lückenbüsserinnen willkommen.

Dagegen begründete Prof. Wilhelm Hadorn das Amt der Gemeindehelferin bzw. Pfarrhelferin 1918 von Anfang an biblisch ekklesiologisch, indem er mit ihm die der Kirche über Jahrhunderte verloren gegangenen Dienste der Frauen in den ersten christlichen Gemeinden wieder aufgenommen sah. Er hätte dabei nicht unbedingt nur an die Arbeiten von Zscharnack und Leidecker bzw. Choisy anknüpfen müssen. Schon in der Synode von 1908 hatte Prof. Fritz Barth als Referent des Synodalrates die Einwände gegen das kirchliche Frauenstimmrecht mit der Stellung der Frau im Neuen Testament widerlegt, sowohl mit Jesu Haltung den Frauen gegenüber als auch mit den ihnen in der Urgemeinde übertragenen Diensten als Prophetinnen und Ältestinnen, von denen er sechs mit Namen aufführte. Das Aufbrechen der Fragen um die Stellung der Frau in der Kirche sah Barth klar auf dem

Hintergrund der veränderten Stellung der Frau in der Industriegesellschaft und ihrer viel bessern beruflichen und allgemeinen Ausbildung. Auf diesen Zusammenhang wies Albert Schädelin in seiner Installationspredigt für Dora Scheuner 1929 kritisch hin.

Die Ausgangslage für das neue Amt war klar, Hadorn gab sie in der Synode 1918 bekannt: lange und gründliche Besprechungen nach Unterhandlungen mit der Fakultät und der Prüfungskommission hatten allseits Einigung ergeben, im Kanton Bern die Frauen zum Pfarramt nicht zuzulassen. Begründet wurde diese Haltung damals nicht. Aber über Jahrzehnte wiederholten die Gegner des weiblichen Pfarramtes in Synodalrat, Fakultät und Synode im Falle punktuell die gleichen Bibelstellen aus 1. Kor., Eph. und 1. Tim. und aus der Genesis. «mulier taceat in ecclesia» (1. Kor. 14,34); «Wir wollen keine Frauen auf der Kanzel» (1. Tim. 2,12); Unterordnung der Frau (1. Kor. 11, Eph. 5,22, 1. Tim. 2,11); die Frau soll «Gehilfin» bleiben, nicht Pfarrerin werden (Genesis 2,18); die Pfarrerin wäre gegen die Naturordnung und Schöpfungsordnung (Genesis 2). Damit war die Haltung der Gegner biblisch begründet und gerechtfertigt. Eine gründliche exegetische Arbeit wurde nicht geleistet. Ergänzt wurden die Einwände durch die immer wieder geäusserte Meinung, die Einrichtung des weiblichen Pfarramtes sei nicht im Sinne des bernischen Kirchenvolkes, dieses wäre für Pfarrerinnen nicht bereit, was nie untersucht wurde. Es scheint, dass die Gegner des Frauenpfarramtes in Synodalrat, Fakultät und Synode letztlich froh und beruhigt waren, dass der Wortlaut des KG von 1874 Frauen zum Pfarramt nicht zuliess und sie so über Jahre vor grundsätzlichen Diskussionen verschont waren.

Für die Theologinnen musste darum ein ganz neues Amt geschaffen werden, das als «Institut der Gemeindehelferinnen» bezeichnet wurde. Das Amt der zukünftigen Pfarrhelferin, auf Antrag von Prof. Karl Marti und durch Synodebeschluss «Gemeindehelferin», umschrieb Hadorn zunächst sehr offen, wie sein Vorschlag für die KO zeigt: «Wo es im Blick auf die Aufgaben an dem weiblichen Teil der Gemeinde wünschbar erscheint, ist es den Gemeinden gestattet, theologisch gebildete Pfarrhelferinnen anzustellen, die von der evangelisch-theologischen Prüfungskommission einen Fähigkeitsausweis erhalten haben.» [147] Die Aufgaben hätten so je nach Bedürfnis der Gemeinde – analog der Urgemeinde – wahrgenommen werden können. In den folgenden Verhandlungen des Synodalrats wurden die Aufgaben näher definiert und durch die Synode im Art. 57 der KO 1918 festgelegt: Seelsorge an dem weiblichen Teil der Gemeinde, besonders an der admittierten Jugend, in Gefängnissen, Spitälern, Anstalten, Leitung von Sonntagschulkursen, Jugendvereinen, Religionsunterricht. Das eigentliche Tätigkeitsprogramm für die erste Gemeindehelferin fixierte die Arbeit bis hin zu Sonntagsspaziergängen mit unbeaufsichtigten Kindern, Welschlandplatzierungen und Nachhilfeunterricht für kränkliche Kinder.[148] In seiner Predigt zur Installation von Dora Scheuner 1929 (Text Röm. 16, 1 f) definierte Prof. A. Schädelin dieses neue Amt der Pfarrhelferin bzw. Gemeindehelferin als das durch die Schrift selbst beglaubigte christliche und kirchliche «weibliche Gemeindeamt» im Unterschied zum «männlichen Pfarramt», als in der Stille und Verborgenheit wirkend, nicht durch Verkündigung, sondern durch den Dienst der christlichen Liebe, was der besondern Art der Frau entspreche, ihrem fein empfindenden Gemüt, ihrem Blick für die tausend kleinen häuslichen Dinge, ihrem Sinn für das Schwache und Geringe, ihrer Mütterlichkeit und Fürsorge. In Bezug auf Dora Scheuner beruhigte er die Gemeinde: deren theologische Bildung und Kompetenz müsse nicht eine Beeinträchtigung der weiblichen Art sein, sondern sie könne sie auch erweitern, vertiefen und bereichern.

Das «weibliche Gemeindeamt» war von Fakultät, Synodalrat und Synode mit Einsatz und gutem Willen für die weiblichen Studierenden ausgearbeitet und beschlossen worden. Aber es war ein von Männern geplantes und festgelegtes Amt, keine Frau war beigezogen worden. Die Männer hatten entsprechend ihrem Geschlechtermodell Wesen und Charakter

147 Votum Prof. Hadorn im Synodalrat vom 28. 5. 1918
148 Tätigkeitsprogramm für A. Aeschbacher in den Kirchgemeinden Nydegg, Münster und Johannes.

der Frau definiert (was Marie Speiser einmal «Lügen» schalt) und ihr auch entsprechende Aufgaben zugeteilt. Die Männer bestimmten dabei über die Frauen, die Frauen ihrerseits hatten sich nur um die Frauen zu kümmern.[149] Die Männer hatten dabei eine klare Rangordnung festgelegt: dem männlichen Pfarramt kam «das grösste Gewicht in unserer Kirche» zu, das Amt der Gemeindehelferin war «ein bescheidenes, weithin in der Stille und Verborgenheit wirkend».[150] Ausbildung und zugeteilte Aufgaben klafften für die Theologinnen weit auseinander. Ihre Studien, obwohl mit besten Noten abgeschlossen, sahen die Frauen von den Männern als schöne Zugabe wahrgenommen, die aber für die zugeteilte Arbeit eigentlich nicht nötig war. Das Amt der Gemeindehelferin schloss die Theologin von allen dem Pfarrer in der KO von 1918 zugeteilten Aufgaben aus. Die Leitung des sonntäglichen Gemeindegottesdienstes mit der Wortverkündigung war ihnen nicht erlaubt, die Kanzel verboten, die Verwaltung der Sakramente nicht zugebilligt, die Kasualien ausgeschlossen, das Amt des Lehrers beschnitten, die Teilnahme an Leitungs- und Koordinationsaufgaben nicht möglich. Doch es war für die ersten Theologinnen – theoretisch bis 1940, praktisch bis zur Kirchenordnung 1953 – im Kanton Bern die einzige Möglichkeit eine Anstellung zu bekommen. Alice Aeschbacher, Mathilde Merz und Dora Scheuner fügten sich darein, die beiden ersten nur für kurze Zeit, Dora Scheuner bis 1940. Alle andern Theologinnen, wenn sie sich nicht verheirateten und aus dem Beruf ausstiegen, suchten in andern Kantonalkirchen befriedigendere Arbeit.

Während die Behörden zweifelten und argumentierten, arbeiteten Dora Scheuner und Marie Speiser nach dem Motto von Rosa Gutknecht: «Diskutiert haben wir nicht, diskutiert haben die andern»,[151] und nach Dora Scheuners Rat:

149 Noch 1944 konnte sich im Grossen Rat Regierungsrat Dürrenmatt eine Pfarrerin als einziger Pfarrer in einer Kirchgemeinde nicht vorstellen, wo sie also auch die Seelsorge für Männer versehen sollte: «Das ist etwas, was unserem Empfinden widerspricht.»
150 A. Schädelin: Installationspredigt für Dora Scheuner, 8. Dez. 1929.
151 M. Sp. 50 Jahre Theologinnen in der Schweiz, S. 2

«Wir werden sicher weiter kommen, wenn wir gewisse «Unterschätzungen» mit etlichem Humor in Kauf nehmen».[152] Ihr überzeugter Glaube und ihre Gewissheit, dazu berufen und dafür ausgebildet zu sein, das Evangelium weiter zu geben, war ihnen theologische Begründung genug, die gegen das Pfarramt der Frau zitierten Bibelstellen verunsicherten sie in ihrem Dienst am Wort nicht. Sie haben ihren jüngeren Kolleginnen damit einen grossen Dienst erwiesen. Dora Scheuner hat ein für allemal bewiesen, dass Frauen zu objektiver, wissenschaftlicher Arbeit durchaus fähig sind, und Marie Speiser hat das weibliche Pfarramt in persönlicher und überzeugender Weise vorgelebt. Das war jedoch nur möglich, weil die solothurnischen Gemeinden ein in den äussern Angelegenheiten vom Bernischen Kirchengesetz unabhängiges Experimentierfeld innerhalb der Bernischen Kirche boten.

Marie Speiser lebte ein neues Pfarrerbild vor, das von der dialektischen Theologie, der sowohl sie wie Dora Scheuner und Anna Bachmann nahe standen, und von ihrer Persönlichkeit als Frau geprägt war: «Gott, der an den Menschen handelt, der Mensch, der diesen handelnden Gott bezeugt.» Darum: «Der Auferstandene baut seine Gemeinde.» Diese getroste Gewissheit befreite Marie Speiser vom Druck, alles selber machen zu müssen. Sie machte sie auch frei von Konkurrenzdenken gegenüber ihren Kollegen und so zur geschätzten Kollegin. Weil der Auferstandene die Gemeinde baut, war Marie Speiser offen für die Gaben, die die Gemeindeglieder ihrerseits einbrachten, und die sie als wertvolle Hilfe für die Gemeinde und für sich selber dankbar annahm. Sie teilte mit der Gemeinde Freude und Verantwortung. Sie sah sich selber als ein Gemeindeglied neben den andern, wobei sie sich als theologische Facharbeiterin verstand, deren Aufgabe es war, als Verbi Divini Minister treue, sorgfältige und genaue theologische Arbeit zu leisten und sie in der Verkündigung an die Gemeinde weiter zu geben. Die aus städtischem, intellektuellem Milieu Kommende war dabei dankbar, in der ersten Zeit in Zuchwil ohne kirchliches Lokal, in der «Bierhalle», im

152 Kirchenblatt für die ref. Schweiz v. 10. 3. 1932, S. 70

«Schnepfen» und im «Alpenrösli» gelernt zu haben, «in Haltung und im Wort von Grund auf natürlich und ungezwungen zu sein».[153] In Zuchwil war die Gemeinde als Leib mit vielen Gliedern mit verschiedenen Gaben unter der Leitung des in Predigt und Diakonie verkündigten Auferstandenen erlebbar.

In der Synode 1940 wurden aufgrund der Erfahrung mit Marie Speisers Arbeit keine theologischen Argumente vorgebracht gegen einen neuen Absatz zur Kirchenordnung, wonach auf Wunsch der Kirchgemeinde und bei Zustimmung des Synodalrats sämtliche pfarramtlichen Aufgaben der Pfarrhelferin übertragen werden konnten. Es wurde sogar vom Synodalratspräsidenten und vom Vertreter der Fakultät Martin Werner (beide Liberale) erklärt, es gebe auch vom Neuen Testament her kein Hindernis. Laien und Pfarrer, die mit Marie Speiser zusammen gearbeitet hatten, wünschten für sie ausnahmslos das volle Pfarramt, was allerdings vom Wortlaut des Kirchengesetzes her nicht möglich war. Einzig Prof. Haller blieb vehementer Gegner und sah in der vorgeschlagenen Erweiterung eine verstärkte Abweichung von der biblischen Linie, er wies die Theologinnen in die Diakonissenhäuser: «In den Kirchgemeinden wollen wir jedoch Pfarrer, nicht Pfarrhelferinnen.» Die Synode stimmte dem neuen Absatz in der Kirchenordnung mit 94 gegen 64 Stimmen zu, der jedoch in der Folge vom Synodalrat nur zögernd und nur für Marie Speiser angewendet wurde. Es ist anzunehmen, dass aus diesem Präzedenzfall auch ohne weiterführende theologische Arbeit über das Pfarramt der Frau dieses aus der Praxis heraus nach und nach selbstverständlich geworden wäre. 1948 war der Synodalrat jedenfalls der Überzeugung, dass in der zukünftigen Kirchenordnung eine «anständige und gerechte Berücksichtigung des Dienstes der Frau» erfolgen müsse.[154] Der Wortlaut lässt vermuten, dass der Synodalrat zu dieser Zeit die bisherige Behandlung der Theologinnen durch die Kirche – unausgesprochen – doch als im Grunde unanständig und ungerecht empfand.

153 M. Sp. in einem Artikel von 1942
154 Protokoll des Synodalrats vom 22. Nov. 1948, StAB

1949 erschien im Zwingli-Verlag, Zürich, das Heft 24 der Reihe «Kirchliche Zeitfragen» mit dem Titel «Die Stellung der Frau im Neuen Testament und in der alten Kirche.» Das Heft enthält die Arbeit von Prof. Franz J. Leenhardt «Die Stellung der Frau in der urchristlichen Gemeinde» und diejenige von Prof. Fritz Blanke «Die Frau als Wortverkünderin in der alten Kirche.» Beide Arbeiten waren 1945 vom Schweizerischen Theologinnenverband in Auftrag gegeben worden, angeregt und betreut von Marie Speiser aufgrund eines persönlichen Briefes des Sekretärs des Synodalrates Pfr. Wilhelm Nissen nach der Synode vom Dezember 1940 an sie. Darin hatte ihr Nissen empfohlen, «gegenwärtig den Kirchenmännern» eine «exegetische Erörterung über die Tätigkeit der Frau im biblischen Zeitalter» vorzulegen, er würde diese in die Lesemappe des Synodalrates legen, worauf die Pfarrhelferinnen das Gesuch an den Synodalrat richten würden, «es möchte einer Delegation gestattet sein, die Sache dem Synodalrat mündlich zu erörtern.» Der Plan wurde so nicht ausgeführt. Es spricht für die Professionalität und für die wissenschaftliche Ernsthaftigkeit der damaligen Theologinnen, dass sie sich für diese Arbeit an ausgewiesene Fachleute wandten.

Leenhardt trennte die Theologinnenfrage von der Diskussion um Emanzipation – Unterordnung, Frauenbewegung – Antifrauenbewegung. Das hatte auch Dora Scheuner 1936 getan: «Der Dienst der Pfarrhelferin ist keine Frauenfrage.»[155] Die wahre Stellung der Frau mass Leenhardt an der Haltung Jesu gegenüber den Frauen und also zuerst an den Evangelien vor den Texten des Paulus. Wohl spielen auch in den Evangelien die Männer eine bedeutendere Rolle als die Frauen, was den damaligen gesellschaftlichen Umständen entsprach, aber in keinem Wort Jesu findet Leenhardt nur eine Andeutung von Minderwertigkeit der Frau oder einen prinzipiellen Grund, der die Frau von den Aufgaben ausschlösse, die Jesus Männern anvertraute. Im Gegenteil, Jesus hält die Frau für würdig, das Geheimnis des lebendigen Wassers kennen zu ler-

---

155 «Der Dienst der Frau in Kirche und Gemeinde.», Vortrag von D. S. , gehalten in Aarau 1936; Nachlass D. S. 143. 20.

nen und Hörerin «der allein notwendigen Sache» zu sein. Ihr
ist auch aufgetragen, als erste die Osterbotschaft weiterzu-
geben. Jesu Wertschätzung der Frau setzt sich in den ersten
Gemeinden fort, indem Frauen aus dem Schatten und dem
Schweigen heraustreten und Verantwortung und wichtige
Aufgaben in den Gemeinden der damaligen griechischen
Welt und bis nach Rom übernehmen. Paulus nennt beide,
Männer und Frauen, seine Mitarbeiter (synergoi), beide haben für die Sache des Evangeliums mitgekämpft (synathlein).
Hier ist Gal. 3,28 wahr: «In Christus ist nicht Mann noch
Frau.» Das gilt auch für die Zuteilung der Gnadengaben, die
Männer und Frauen in gleicher Weise empfangen, so auch
diejenige der Rede aus Eingebung des Geistes, der prophetischen Rede, die – neben dem Wirken der Apostel und Lehrer
– in den Versammlungen der Gemeinde damals der Funktion
der heutigen Predigt entsprach, und die erbaut, tröstet, unterrichtet. Das «mulier taceat in ecclesia» (1. Kor. 14,34) bezieht
sich nach Leenhardt nicht auf dieses Reden aus Eingebung,
sondern es ist eine disziplinarische Ermahnung in eine kon-
krete Situation in Korinth, wo Frauen allemnach die Versammlungen durch Fragen störten und Erklärungen verlangten. Leenhardt sieht aufgrund der paulinischen Texte keine
Mitarbeit in der Gemeinde, die den Frauen grundsätzlich verschlossen wäre. Wichtig ist aber, dass Frauen wie Männer dabei die ihnen zugeordnete Rolle in der gegenseitigen Ergänzung erfüllen. So spricht Paulus (1. Kor. 11, 5 ff) den Frauen das
Reden aus Eingebung ausdrücklich nicht ab, er nennt nur die
Bedingung (Schleier), unter welcher sie es als Frauen tun sollen. Nur gemeinsam, als Mann und Frau in je ihrer Verschiedenheit, sind sie der nach dem Bilde Gottes geschaffene
Mensch (Gen. 1,27), sie sind einander zugeordnet, für einander unentbehrlich, keines kann das andere ersetzen, und so
versteht Leenhardt den paulinischen Begriff der «Unterordnung» als die «Haltung, die der brüderlichen Liebe im
Verhältnis der Beziehungen unter Christen entspricht». Vor
diesem Hintergrund stellt Leenhardt den ausschliesslich
männlichen Charakter der verantwortungsvollsten Ämter der
Kirche in Frage. Sie sind die Folge einer Jahrhunderte alten

männlichen Kultur und Zivilisation, einer männlichen Theologie und Kirchlichkeit. Das männliche Pfarramt ist damit in Frage gestellt, was Dora Scheuner schon 1932 im «Kirchenblatt für die reformierte Schweiz» so formulierte: «Ist das heutige Pfarramt denn so, dass es für uns erstrebenswert ist?» Leenhardt fordert, «dass das Pfarramt bereichert wird durch den spezifisch weiblichen Beitrag. Die Frau muss Frau bleiben in ihrem Amt, dann allein ergänzt sie fruchtbringend das eingleisige Amt des Mannes». Dies hatte Marie Speiser auf ihre Weise gültig vorgelebt.

Blanke untersuchte in seiner Arbeit, bis wann die Ämter der ersten Gemeinden in der alten Kirche von Frauen ausgeübt wurden. Im Neuen Testament sind (Acta 21,9) die vier Töchter des Evangelisten Philippus als Prophetinnen erwähnt. Einem anonymen Zeitzeugen aus Kleinasien gegen Ende des zweiten Jahrhunderts sind prophezeiende Frauen neben prophezeienden Männern bekannt, dies bezeugt eine Zusammenstellung prophetischer Persönlichkeiten, auf der Frauen und Männer abwechseln. Aus Gallien berichtet Irenäus, der Bischof von Lyon, um 185 von Menschen, die «ein Vorauswissen der Zukunft und Gesichte und prophetische Aussprüche» haben, und er beruft sich dabei auf Paulus, der von den prophetischen Gnadengaben spricht und Männer und Frauen als Prophetinnen erwähnt. Aus dem dritten und den folgenden Jahrhunderten sind keine Prophetinnen und Propheten in den christlichen Versammlungen mehr bekannt. Neben dem Bischof und dem Diakon waren keine «Laien», die vom Geist getrieben das Wort verkündeten, geduldet. Aus dem dritten Jahrhundert ist das Amt des weiblichen Diakons bzw. der Diakonin bekannt (so Klemens von Alexandrien), das dem Witwenamt bei Origines von Alexandrien entspricht. Deren Aufgabe war die Missionierung der Frauen, mit denen die Männer in der damaligen geschlechtergetrennten Gesellschaft nicht in Berührung kamen, und die Vorbereitung der Heidinnen, die Christinnen werden wollten, auf die Taufe. Die Diakoninnen bzw. Witwen waren demnach Missionarinnen und zugleich Lehrerinnen (Katechetinnen). Sie wirkten so lange als es Missionszeit war, so lange es galt, erwachsene weibliche Personen dem Glauben und der Taufe zuzuführen. Nachdem das Christentum 380 Staatsreligion im römischen Reich geworden war, erlosch das Amt der weiblichen Missionarin.

Wie weit der Verfasser des theologischen Exkurses als Grundlage für die Artikel der KO 1953 über die Theologinnen die Arbeit von Leenhardt konsultierte, ist nicht ersichtlich, der Text enthält keine Hinweise darauf. Es gibt auch keinen Hinweis darauf, dass der Verfasser die 1951 erschienene Studie von Charlotte von Kirschbaum «Der Dienst der Frau in der Wortverkündigung» gekannt hätte, in der die Verfasserin die Frage stellt, ob heute von der Frau wirklich das Zeugnis ihres Schweigens, oder nicht vielmehr das Zeugnis ihres Wortes nötig sei. Er (s. S. 80) hält dafür, dass der Theologin grundsätzlich sämtliche Amtshandlungen eines Pfarrers übertragen werden können, aber dass die Verschiedenheit der Gaben eine Anweisung zur Begrenzung und persönlichen Beschränkung erfordert. Ein Einzelpfarramt kommt darum für ihn für die Frau nicht in Frage, dieses ist dem Manne vorzubehalten. Der Synodalrat übernahm die theologische Argumentation des Exkurses ohne zu fragen, ob die gleiche Anweisung so nicht auch für den Mann gelten würde, und billigte der Theologin grundsätzlich die Übernahme aller pfarramtlichen Handlungen zu. Er beschränkte aber ihre Arbeit einerseits auf «Aufgaben, für die sie sich besonders eignet», und andererseits «auf Stellen in Kirchgemeinden neben mindestens einem oder mehreren Pfarrern im Hauptamt». Entsprechend lautete der Bericht des Synodalrats an die Kirchendirektion am 26. November 1952, nach der ersten Lesung der Kirchenordnung: in Vikariat und Hilfspfarramt habe die Frau alle Möglichkeiten ihre besondern Gaben einzusetzen, es sei aber unerlässlich, die genannten Einschränkungen bei ihrer eventuellen Aufnahme in den Kirchendienst festzuhalten. Für den Synodalrat war mit der K = 1953 die theologische Argumentation in der Theologinnenfrage abgeschlossen. Es waren Frauen in der Synode, die sich erfolgreich gegen die vorgängige Prüfung der Eignung der Frau für ihre Arbeit wehrten. Die zweite Einschränkung bzw. der Ausschluss von Einzelpfarrämtern galt für die

Theologin weiterhin, der Synodalrat hielt auch noch 1962 gegenüber der Synode daran fest, dass Theologinnen nur in Gemeinden neben einem oder mehreren Pfarrern im Hauptamt ein volles Pfarramt versehen können.

Es ist zu bemerken, dass über die den Theologinnen jetzt in der Kirchenordnung 1953 zugestandene Konsekration in der Synode überhaupt nicht diskutiert wurde. Allemnach verstand man die Konsekration als logische und selbstverständliche Konsequenz aus der Zubilligung aller Aufgaben eines Pfarrers an die Theologin. Für die Theologin bedeutete die Konsekration sehr viel. In der Konsekration sah sie ihren Dienst von der Kirche, in deren Dienst sie immer stehen wollte, wahrgenommen, und durch ihr Gelübde besiegelte sie ihrerseits die Verpflichtung ihrer Kirche gegenüber, von der sie sich von jetzt an in die Arbeit gesendet fühlte.

Während in den darauffolgenden Jahren die zum Teil widersprüchlichen gesetzlichen Bestimmungen für die Theologinnen bereinigt wurden, wobei man pragmatisch argumentierte, wurden erst in der Diskussion vor der innerkirchlichen Abstimmung von 1963 wieder theologische Bedenken gegen das uneingeschränkte Pfarramt der Frau vorgebracht, jetzt nicht nur auf der Ebene der Gesamtkirche, sondern auch in den Gemeinden und von Einzelpersonen. Die Argumente waren die gleichen, die Jahre zuvor schon in der Synode geäussert worden waren, neu waren jetzt oekumenische Bedenken und der starke Widerstand der Pfarrer der jurassischen Bezirkssynode, die zweifelsohne vom hochkirchlichen Amtsbegriff des Neuenburger Professors J. J. von Allmen beeinflusst waren (s. o. Anm. S. 108). Ihr Vertreter hatte schon in der Synode 1962 beunruhigt darauf hingewiesen, dass Christus in seine von ihm geschaffenen Ämter nur Männer eingesetzt habe. Die von andern Pfarrern der jurassischen Bezirkssynode verteilten Thesen von Prof. Dr. J. de Senarclens vertraten eine andere Haltung (s. o. S. 108) und hielten die Mitarbeit der Frau im Pfarramt als das reformierte Zeugnis für eine offene und menschliche Kirche.

Die Abstimmung setzte der Diskussion ein Ende, indem der neue Artikel der Kirchenverfassung, der der Theologin das uneingeschränkte volle Pfarramt zusprach und sie damit beruflich den männlichen Theologen gleichstellte, vom Kirchenvolk im Verhältnis 12 zu 1 angenommen wurde.

In der Woche vor der Abstimmung hatte Prof. Alfred de Quervain in seiner Kirchgemeinde Zollikofen einen Vortrag gehalten: «Die Frau als Dienerin des göttlichen Wortes.» Er wies die Verantwortung in dieser Frage ganz der Gemeinde zu, die, da nun Männer und Frauen gleich wählbar seien, nach dem Dienst des Pfarrers neu zu fragen habe. Die hörende Gemeinde braucht einen Pfarrer, ob Mann oder Frau, der auf das Wort hört, das Jesus Christus ist, und der die Gemeinde wiederum zum Hören aufruft: Hört ihn, seht auf ihn! Dieser Dienst ist unabhängig vom Geschlecht. Maria, die Mutter Jesu, und Maria, die Schwester Marthas, sind solche Hörende, beide werden dadurch Bekennende und Redende. Das, worauf es ankommt, ist nicht das Schweigen der Frau, nicht das Reden des Mannes, sondern die Gabe des Evangeliums für Mann und Frau. Es ist an den Gemeinden, verantwortlich zu prüfen und dann verantwortlich zu wählen, sei es ein Theologe oder eine Theologin.

Nach der Abstimmung in Bern veröffentlichte «Die evangelische Schweizerfrau» in ihrer Mai Nummer 1963 den vollständigen Vortrag von de Quervain als Beitrag zur Diskussion über das volle Pfarramt der Frau, die damals in verschiedenen Kirchen in unserm Land und im Oekumenischen Rat geführt wurde, wobei in Zürich ebenfalls die Abstimmung über ein neues Kirchengesetz bevorstand.

Die bernischen Theologinnen
und die Frauenbewegung

«Die bernischen Theologinnen haben für ihre Bestrebungen nie die modernen Frauenorganisationen beigezogen, da sie ihr Anliegen nicht auf dieser Linie sehen».

Diesem Votum von Dora Scheuner anlässlich der Pfarrerkonferenz 1944 zum KG-Entwurf ist nachzugehen.

Die Stellung der Frau in der Kirche wurde klar auf dem Hintergrund deren veränderten Stellung in der Gesellschaft und der damit einhergehenden Frauenbewegung mit ihren Zielen und Begehren thematisiert. So reichte 1907 Robert Aeschbacher, Pfarrer an der Nydeggkirche, in der Synode eine Motion ein, die den Synodalrat beauftragte, die Frage des kirchlichen Frauenstimmrechts zu prüfen. Damit würde die Kirche «beweisen, dass sie die Zeichen der Zeit verstehen und mit der Zeit fortschreiten wolle».[156] Die Motion wurde überwiesen, und die nächste Synode 1908 beauftragte den Synodalrat, «bei künftigen Verhandlungen mit den Staatsbehörden über eine Revision des Kirchengesetzes auch das Frauenstimmrecht, sowie überhaupt die Mitwirkung der Frau in kirchlichen Angelegenheiten in befürwortendem Sinne zur Sprache zu bringen».

Konkreter Anlass, die besondere Frage der Theologin aufzugreifen, war zehn Jahre später die regulär erfolgte Immatrikulation der ersten Theologiestudentin und die entsprechende Eingabe von Prof. W. Hadorn in der Synode 1917.

Die ersten Theologinnen hatten alle das Privileg, Bildung und Ausbildung – der Anfang jeder Frauenförderung – schon im Elternhaus zu geniessen. Anna Bachmann hörte als Kind vom Vater, einem Schüler Jakob Burckhardts, von Geschichte und Kunst, mütterlicherseits war sie mit bernischen Pfarrfamilien verbunden. Mit den Kindern von Prof. Fritz Barth im Nachbarhaus hatte sie lebhaften Umgang, mit der Tochter

156 Protokoll der Kirchensynode von 1907, S. 37

verband sie bis zuletzt eine enge Freundschaft. In diesem Kreis war gymnasiale Ausbildung beinahe selbstverständlich. – Eine Nichte von Irene von Harten erinnert sich noch heute lebhaft an die sonntäglichen Hauskonzerte und Vorlesungen im grosselterlichen Haus der Flüchtlingsfamilie von Harten in Bern, dargeboten von Pensionären des Hauses. – Alice Aeschbacher war die Tochter von Robert Aeschbacher, der 1907 in der Synode die Motion zur Einführung des kirchlichen Frauenstimmrechts eingereicht und sie u. a. auch so begründet hatte: «Die Frauenbildung ist jetzt viel intensiver, seitdem Frauen das Hochschulstudium betreiben.» Die Ausbildung seiner Tochter war die Konsequenz, obschon sie ihren Vater schon mit 10 Jahren durch den Tod verloren hatte. – Im Hause Speiser wurden Töchter und Söhne genau gleich erzogen und ausgebildet, Marie Speisers Mutter ihrerseits las das Alte und das Neue Testament je in der Ursprache. – Mathilde Merz und Dora Nydegger kamen aus anregenden Lehrerfamilien, Dora Scheuner profitierte als Nachzüglerin von den ältern Geschwistern und sog an Bildung ein, was sich ihr bot. Die jungen Frauen engagierten sich auch über den familiären Kreis hinaus: Dora Scheuner und Anna Bachmann waren aktiv in der Bachtalen-Vereinigung, einer christlichen Vereinigung Schweizerischer Mittelschülerinnen, Alice Aeschbacher war als Feldmeisterin kantonale Pfadfinderführerin, und Mathilde Merz arbeitete nach dem Schlussexamen bei Prof. Siegmund-Schultze in Berliner Armenvierteln. Alle waren sie geistig wach, sozial interessiert, ihrer Persönlichkeit, ihres Wertes, ihrer Fähigkeiten und Kompetenzen und auch ihrer Grenzen durchaus bewusst. Es waren von Haus aus «emanzipierte», selbständige junge Frauen. Sie nahmen aber auch sehr klar ihre persönlichen Zurücksetzungen im Studiengang und die Machtlosigkeit allgemein der Frauen wahr.

Ihre Beziehungen zu Vereinen und Organisationen, die sich für die Frauenrechte einsetzten, waren unterschiedlich und jeder Einzelnen überlassen. So war Dora Scheuner während Jahren bis 1972 (ein Jahr nach Einführung des Frauenstimmrechts) Mitglied des «Frauenstimmrechtsvereins Bern» (ab 1971 Verein «Frau und Politik»), und sie wurde auch zu

Vorträgen in politische Frauengruppen (Freisinnige Frauengruppe, Club der Berner Berufs- und Geschäftsfrauen, Bund Schweiz. Frauenvereine) eingeladen, wobei sie meistens einen Bibeltext zum Thema machte.[157] Alice Lüscher arbeitete im «Frauenstimmrechtsverein Bern» aktiv mit, von 1946–1953, schon als Juristin, in dessen Vorstand. Nach ihnen war bis zu Helen Meyer-Fuhrer keine Berner Theologin mehr Mitglied des Frauenstimmrechtsvereins.[158] Marie Speiser stand wie viele ihrer Kolleginnen hinter den Anliegen der Frauenorganisationen. Aber sie selber beteiligte sich dabei nirgends: «Dazu hatte ich nicht auch noch Zeit».[159] So ging es auch andern Theologinnen im Amt.

Ihre beruflichen Anliegen als Theologinnen deckten sich aber nicht mit denjenigen der Frauenorganisationen, die sich zentral für die Gleichberechtigung der Frauen in allen Bereichen der Gesellschaft einsetzen wollten. Um dies klar zu stellen, distanzierten sich die Berner Theologinnen öffentlich von der Saffaleitung 1928 und deren Anfrage zur Mitwirkung am Bettagskonzert im Münster und erklärten – in prononcierter und sendungsbewusster Art –, was ihre Anliegen als VDM waren. In einem Vortrag 1936[160] wiederholte Dora Scheuner, dass der Dienst der Pfarrhelferin keine Frauenfrage sei. VDM heisse für sie: «Wir dürfen dienen, weil Gott an uns den grossen Dienst getan hat. Wir weisen unermüdlich auf diesen Dienst hin und bezeugen ihn.» Sie wollten ihre beruflichen Anliegen und diejenigen der Frauenorganisationen, hinter denen sie grundsätzlich auch standen, klar trennen. Tatsächlich begegnet man in den Unterlagen von den und über die frühen Berner Theologinnen bis 1944 dem Begriff «Gleichberechtigung» und «Gleichstellung» nirgends. Was sie beklagten, war die Behinderung ihrer Arbeit in der Gemeinde, und was sie forderten war, der Gemeinde ganz dienen zu können,

---

157 Nachlass D.S. N 146, 18 u. 21: z.B.: Freisinnige Frauengruppe: Amos 4,12: «Das Weihnachtswunder», Berner Berufs- und Geschäftsfrauen: Mtth. 13,4f: «Der Schatz im Acker».

158 Mitgliederverzeichnis des Frauenstimmrechtsvereins Bern, Gosteli-Archiv

159 K. Scheuermeier, Akzessarbeit S. 31: Gespräch mit M. Sp. vom 18.4.1984.

160 «Der Dienst der Frau in Kirche und Gemeinde», Vortrag von Dora Scheuner, gehalten in Aarau Oktober 1936, Nachlass D.S. 143 20.

«Kranke und Sterbende nicht nur besuchen und trösten, sondern ihnen auch das Abendmahl spenden, Jugendliche nicht nur unterweisen, sondern auch konfirmieren zu können».[161] Sie wünschten, gerade auch im Blick auf die jüngeren nachfolgenden Theologinnen, der Gemeinde ohne Verbote dienen zu können, was ja letztlich doch nur durch die rechtliche Gleichstellung zu erreichen war. Jüngere Theologinnen dachten dagegen schon anders, was der Abschnitt aus dem Bericht einer Lernvikarin über ihr Lernvikariat 1951 zeigt: «Im Studium sah ich das weibliche Pfarramt von der Theologin her an und hielt es für recht und billig, dass sie mit dem gleichen Studium wie ihre Kollegen auch zum gleichen Amt komme. Nun blicke ich von der Gemeinde aus. In der Gemeinde ist wirklich das Bedürfnis nach einem weiblichen Pfarrer da. Es ist den Frauen in der Gemeinde ein grosses Bedürfnis, mit einer Frau reden zu dürfen, die sich im Studium das gleiche theologische Wissen wie ihr Kollege erworben hat und also theologische Auskunft geben kann, die aber ähnlich wie sie denkt und sie darum auch besser versteht. Wenn wir Theologinnen uns für das weibliche Pfarramt einsetzen, so geht es uns wirklich nicht nur um uns und um unsere Gleichberechtigung, sondern es geht uns um die Gleichberechtigung aller Gemeindeglieder und also wahrhaftig um die Auferbauung der Gemeinde Christi.»[162]

Rückhalt fanden die Berner Theologinnen im 1939 gegründeten Schweizerischen Theologinnenverband, nachdem sie vorher durch einen Rundbrief und durch Treffen anlässlich von Tagungen der Akademikerinnen Kontakt mit einander hatten. Der Zweck des Verbandes war ein dreifacher: Festigung der Zusammengehörigkeit, Vorgehen bei kirchlichen Behörden, Fühlungnahme mit Studentinnen. Eingaben an die Behörden unterschrieben die Berner Theologinnen jedoch immer in eigenem Namen. Auch das Gesuch 1939 an den Synodalrat um Erweiterung der Kompetenzen, das zur Abänderung der KO führte, stellten die drei Theologinnen in ihrem Namen, ihr Anliegen wurde ausserhalb von Synodalrat

161 Brief vom 4. Mai 1939, Gosteli-Archiv
162 SRarchiv B151, Lernvikariate, Bericht von H. L., StAB

und Synode weder wahrgenommen noch unterstützt, ausser durch den Kirchgemeinderat der Johannesgemeinde Bern, wo Dora Scheuner arbeitete. Wenn Dora Scheuner 1944 im Vorfeld der Abstimmung über das Kirchengesetz den eingangs zitierten Satz in die Diskussion warf, entsprach dieser durchaus der Wirklichkeit.

Bei der Beratung des KG 1944 wurden die Frauenorganisationen von sich aus aktiv. (Schon 1929 waren 7 bernische Frauenstimmrechtsvereine an die Kirchendirektion und die Mitglieder des Grossen Rates mit dem Gesuch gelangt, im zur Abstimmung vorgelegten Gesetz über die Pfarrwahl das obligatorische und uneingeschränkte kirchliche Stimm- und Wahlrecht der Frauen einzuführen, wie es auch GR Scherz, Sozialdemokrat, im Grossen Rat beantragt hatte. Das angenommene Gesetz von 1929 ermächtigte in der Folge die Kirchgemeinden zur freiwilligen Einführung des Stimm- und Wahlrechts in allen kirchlichen Angelegenheiten.) Jetzt, 1944, richteten der Bernische Frauenbund, die Frauenhilfe Berner Oberland und das Aktionskomitee für die Mitarbeit der Frau in der Gemeinde im März gemeinsam eine Eingabe an den Präsidenten der Synode, im April an die Mitglieder der Synode und im Juni an die Mitglieder des Grossen Rates. Unterschrieben war sie je von der Präsidentin, den damals bekannten Frauenrechtlerinnen Rosa Neuenschwander, J. Regez-Ziegler und Marie Böhlen. Sie begrüssten darin die vorgesehene obligatorische Einführung des uneingeschränkten kirchlichen Stimm- und Wahlrechts der Frauen, was für sie ein erster Schritt zum politischen Stimm- und Wahlrecht der Frauen bedeutete, forderten aber auch deren Wählbarkeit in Synode und Synodalrat. Betreffend die Theologinnen forderten sie, dass ihnen der Zugang zum vollen Pfarramt nicht durch gesetzliche Bestimmungen verschlossen werde, die bisherigen Leistungen von Berufskolleginnen in der übrigen Schweiz rechtfertige einen solchen Ausschluss in keiner Weise. Die Gleichstellung von Pfarrhelferin und Pfarrer wurde nicht explizit verlangt, war aber im Text implizit enthalten.[163] Wie weit die Eingabe in der

163 Kopie im Gosteli-Archiv

Synode Wirkung zeigte, ist nicht ersichtlich, auch nicht im Grossen Rat. Wirkung zeigte dort eher die Berichterstattung über die Arbeit von Marie Speiser. Aber im Grossen Rat vertraten die sozialdemokratischen Mitglieder die gleichen Begehren wie die Frauenorganisationen. Sie forderten explizit die Gleichstellung der Theologinnen mit ihren männlichen Kollegen, was in der Abstimmung nicht durchdrang. Immerhin beschloss der Grosse Rat – entgegen der Synode – die Wählbarkeit der Frauen in die Synode, und er brachte damit auch die Sache der Theologinnen einen wichtigen Schritt voran.

Denn mit dem Einsitz der Frauen in die Synode aufgrund des KG 1945 brach eine neue Epoche an. Jetzt hatten die Frauen zum erstenmal an der Macht im Rahmen der Gesamtkirche teil. Als erste wurden begreiflicherweise Frauen in die Synode gewählt, die durch ihr Interesse und ihre Arbeit in Kirche und Gemeinde schon bekannt waren. Eine der ersten Frauen war Dr. phil. I Hedwig Stämpfli-Schneider, Meikirch, Bäuerin, Kirchgemeinderätin, Präsidentin der Landfrauen, schon vom Elternhaus her für Frauenrechte engagiert. Sie ergriff als erste Frau in der Synode das Wort, und es gelang ihr durch ihren von der Synode angenommenen Antrag, die einschränkenden Bestimmungen für die Arbeit der Pfarrhelferin (kein abgegrenztes Gebiet und nur Aufgaben, für die sie besonders geeignet ist) aus der KO 1953 zu eliminieren.

Mit Eva Stalder-Merz, Präsidentin der Berner Frauengruppe der FDP, seit 1935 Mitglied des Vereins für Frauenstimmrecht, von 1946–1966 in dessen Vorstand, wurde eine besonders aktive Frauenrechtlerin Mitglied der Synode. Sie engagierte sich besonders vor der Abstimmung über die Abänderung der Kirchenverfassung 1963, die innerkirchlich die Gleichstellung von Theologinnen und Theologen beinhaltete. Sie belieferte vor der Abstimmung den Bernischen Frauenbund mit der von den Theologinnen verfassten Schrift für ein JA, ebenso die Präsidentinnen der Sektionen des Gemeinnützigen Frauenvereins und der Frauenhilfe Bern Oberland, den Verband bernischer Landfrauenvereine und weitere Frauenorganisationen. Auch hier ist die Wirkung auf das Abstimmungsresultat nicht zahlenmässig nachzuweisen.

Es stimmt, wie Dora Scheuner betonte, dass die Theologinnen für ihre Bestrebungen nie die modernen Frauenorganisationen beigezogen haben, es stimmt aber auch was Marie Speiser in ihrem Rückblick sagt: «Wir sahen gar wohl, wie wir allen Grund hatten, den Frauenorganisationen für ihren Kontakt mit uns dankbar zu sein.» [164]

Nicht unterschätzt werden darf die Wirkung der Frauenbewegung und ihrer Organisationen auf die Männer in der Kirche und auf deren Frauenbild, auch wenn diese in der Mehrzahl den Bestrebungen der Frauen zunächst zurückhaltend bis skeptisch oder gar ablehnend gegenüber standen. Das sich verändernde Frauenbild kam auch den Theologinnen zugute. Da und dort standen innerhalb der Kirche Männer öffentlich zur Wirkung, die die Frauenbewegung auf sie hatte. So etwa, wenn der Präsident der Synode 1928, Pfr. H.Wäber, in seiner Eröffnungsansprache auf die wohlgelungene SAFFA zu sprechen kam und bemerkte, die Ausstellung «habe die Wertschätzung der Frauenwelt bei der Männerwelt erhöht». Dabei war der Erfolg der Ausstellung, die unerwartet hohe Besucherzahl und der beachtliche finanzielle Überschuss, für die Männer durchaus von Bedeutung. Urteile, wie noch in der Synode 1908 in der Diskussion über das kirchliche Stimmrecht für Frauen geäussert, dass das Verständnis für die Beratung der öffentlichen Angelegenheiten den Frauen abgehe, dass sie nicht objektiv urteilen könnten und dass sie sich in politischen Fragen nicht Klarheit zu verschaffen vermöchten, waren durch die SAFFA widerlegt und wurden nicht mehr geäussert. Zwar distanzierte man sich in der Kirche, wie etwa Prof. Albert Schädelin in seiner Installationspredigt 1929, immer noch von der modernen Frauenbewegung, «die ihren Ursprung nicht in der christlichen Gemeinde und deren Gedanken habe», aber man war ihr doch dankbar für den Anstoss zur Indienstnahme der Frauen in der Kirchgemeinde. Im selben Jahr 1929 hatten Fakultät und

164 M. Speiser: «Fünfzig Jahre Theologinnen in der Schweiz», 1969

Synodalrat zum Brief der Akademikerinnen an den Erziehungsdirektor Stellung zu nehmen, der gleiche Examen für Theologinnen und Theologen forderte. Während die Fakultät sachlich aufgrund der Leistungen der Studentinnen positiv Stellung nahm, vermutete der Synodalrat, dass es den Akademikerinnen letztlich um die «Gleichstellung der beiden Geschlechter in der Bekleidung des Pfarramts»[165] und also um frauenrechtlerische Anliegen gehe. Seine Antwort war klar ablehnend. Das von der Synode geschaffene «Institut der Pfarrhelferinnen» entsprach seinem Bild von der Andersartigkeit der Frau, der «Ordnung der Natur und ihres Schöpfers». Dabei wollte er verbleiben.

Den Berner Theologinnen im Amt wurde aber weder vom Synodalrat noch von der Synode je vorgeworfen, es gehe ihnen um frauenrechtlerische Anliegen.[166] Ihre gute Arbeit in der Gemeinde zählte. Als die Theologinnen zehn Jahre später um die Erweiterung ihrer Kompetenzen in der Arbeit baten,[167] war es deren beeindruckende Arbeit in der Gemeinde, nicht grundsätzlicher Sinneswandel, die bewirkte, dass es für den Synodalrat trotz biblischer Bedenken undenkbar war, «Fräulein Speiser kaltzustellen»,[168] und dass der Synodalratspräsident in der Synode bekannte: «Wir haben nicht das Herz, ihr dieses und jenes zu verbieten und sie an ihrer Arbeit zum Wohle der Gemeinde und der Kirche zu hindern.»[169] Aus dieser Überzeugung stimmte die Synode dem erweiterten Artikel der Kirchenordnung 1940 zu, aufgrund dessen der Synodalrat 1942 Marie Speiser ermächtigte, sämtliche Aufgaben eines Pfarrers auszuüben. Damit war sie in der Arbeit ihren männlichen Kollegen gleichgestellt, ihre Besoldung war dagegen um einen Drittel tiefer.

165 Präsident der Rechtskommission des Synodalrats in schriftl. Consultation vom 25. 7. 1929, STAB
166 Dies hatte 1932 die Nationalzeitung den Zürcher Theologinnen vorgeworfen.
167 Brief vom 4. Mai 1939 an SR
168 Protokoll des Synodalrats vom 25. November 1940
169 Protokoll der Synode vom 10. Dezember 1940, S. 24

Die Theologinnen blicken kritisch zurück – Antworten auf den Fragebogen

(siehe Seite 175)

Die 33 Berner Theologinnen, die sich zwischen 1917 und 1965 immatrikulierten, lassen sich in zwei Gruppen einteilen. Diejenigen der ersten Gruppe haben ihr Schlussexamen bis 1951 abgelegt, die der zweiten Gruppe ab 1957. Zwischen 1951 und 1957 gibt es keine Studienabschlüsse von Frauen. In diese Zwischenzeit fallen die Kirchenordnung von 1953, die Zulassung zur Konsekration, die Aufhebung der Examensordnung für weibliche Studierende und somit gleiche Examen für Studentinnen wie Studenten, die Aufnahme in den Kirchendienst und die Wählbarkeit in Kirchgemeinden mit schon einem oder mehreren Pfarrern. Studium und Studienabschluss führten Theologinnen der zweiten Gruppe geradlinig in den Beruf als Verweserin, Vikarin, Hilfspfarrerin und ab 1965 auch als alleinige Gemeindepfarrerin. 14 Theologinnen gehören zu dieser zweiten Gruppe, von ihnen haben sich 6 verheiratet und – mit einer Ausnahme – ihren Beruf weiter ausgeübt, zum Teil reduziert oder in einer Spezialaufgabe. Sie fühlten sich während des Studiums gleichberechtigt wie ihre Mitstudenten, sie waren ihnen in Examina, Konsekration und Aufnahme in den Kirchendienst gleichgestellt. Allerdings hatten mehrere von ihnen das Gefühl, von den Dozenten nicht ganz ernst genommen zu werden. Als sichtbares Zeichen dafür wurde empfunden, dass es (noch 1972!) für das Schlusszeugnis an der theologischen Fakultät vorgedruckte Urkunden in männlicher Form gab, auf denen das «Herr» durchgestrichen und «Fräulein» darüber geschrieben wurde, und im nachfolgenden Text «derselbe» und «der Genannte» die Examensnoten erfuhr.

Die Gleichstellung war erreicht. Doch jetzt wurde für die Theologinnen die Frage nach der weiblichen Identität als Theologin und im Beruf wichtig. Eine Theologin schreibt im Rückblick: «Ich fühlte mich (an der Fakultät) mehr und mehr fremd in der landläufigen Theologie. Dass dies wohl sehr mit mir als Frau zu tun hat, war mir damals noch nicht bewusst.» Eine andere: «Dass die Theologie von einem männlichen Horizont aus betrieben wurde, war damals noch nicht im Bewusstsein.» Eine ihrer Studienkolleginnen schreibt: «Insgesamt habe ich die Zeit (Studium) in guter Erinnerung, wenn auch die Ignoranz des Lehrbetriebs gegenüber theologischen Einsichten aus der Sicht von Frauen eine Belastung gewesen ist. Möglichkeiten, dieses Defizit zu artikulieren, habe ich damals noch nicht gesehen.» Eine Bewegung nahm auch in Bern ihren Anfang, die die bisher männlich betriebene Theologie nicht nur in Frage stellte, sondern sie bereichert hat und bis heute bereichert und seit 1992 durch eine Professorin im Fachbereich «Ökumenische Theologie» mit einem Schwerpunkt «Theologie von Frauen in Asien, Afrika und Lateinamerika» und seit 1997 durch eine Professorin für Altes Testament mit einem Schwerpunkt «Feministische Exegese» im Lehrbetrieb an der evangelisch-theologischen Fakultät Bern vertreten ist. – Allgemein empfanden es die Theologinnen der zweiten Gruppe als Erleichterung, dass das Rollenbild der Pfarrerin damals noch nicht festgelegt war.

Die Situation der Theologinnen der ersten Gruppe war eine andere. Bei Studienanfang kannten sie weder ihren Studienplan noch wussten sie, zu welchen Examen sie zugelassen würden, und es gab keine Aussicht auf Berufsmöglichkeiten. Bei all dem waren sie völlig abhängig von den entscheidenden Behörden, deren Mitglieder alle Männer waren mit unterschiedlicher Auffassung über Frauenstudium und «Verwendung von Theologinnen in der Kirche». Trotzdem beurteilen die Theologinnen ihr Studium im Rückblick sehr positiv. Sie fühlten sich (mit ganz wenigen Ausnahmen) an der Berner Fakultät «problemlos», «gut» bis «supergut» (so eine heute über 80 Jährige) integriert und angenommen, es war ihnen auch persönlich wohl. Eine Studentin litt unter dem Richtungsstreit, der auch die Professoren betraf, und eine andere nahm schon 1935 befremdet wahr, dass die Theologie über Jahrhunderte eine Männerdomäne war.

Von den Professoren fühlten sie sich ernstgenommen, im Unterschied zu den Theologiestudentinnen der zweiten Gruppe, sie waren wohl weniger sensibilisiert auf Zurückstellungen ihrer Person. Positiv nennen sie die Professoren Hadorn, Schädelin, Michaelis, Werner, de Quervain, J.J. Stamm, Guggisberg und auch Haller. Dieser wird am häufigsten erwähnt, positiv und negativ.

Haller hatte damals den Ruf, ein Frauenfeind, ein konsequenter Gegner des Frauenstudiums und insbesondere des Theologiestudiums von Frauen zu sein. «Wybervolch» und «Frouezimmer» soll er die Theologiestudentinnen genannt haben, und es wird überliefert, dass er im Professorenzimmer schimpfte: «Jetzt hockt scho wider so nes cheibe Frouezimmer da», worauf Prof. Hoffmann bemerkte: «Sie meinen eine junge Dame.» Hallers Wortwahl passte durchaus zu seiner altertümlichen Erscheinung und Sprache. Dieser Einstellung wegen haben zwei Studentinnen die Universität gewechselt und fühlten sich in Basel sehr viel wohler. Aus den für diese Arbeit benützten Unterlagen und aus den beantworteten Fragebogen entsteht ein differenzierteres Bild von Prof. Max Haller. Er war Präsident der Prüfungskommission von 1929–1948 und hatte deshalb mit den Studenten und mit dem Synodalrat von Amtes wegen mehr Kontakt als die übrigen Professoren. Als solcher hat er 1929 dem Synodalrat beantragt, Dora Scheuner als Gemeindehelferin feierlich zu installieren, als Kompensation für die nicht mögliche Konsekration und für den nicht erteilten Müslinpreis. Er schätzte die wissenschaftliche Begabung der Studentin, nahm sie in die alttestamentliche Sozietät auf, und er und seine Familie blieben mit ihr in echter Freundschaft verbunden. Haller war es auch, der im Blick auf sie die Initiative zum Antrag der Fakultät an den Regierungsrat für ein Lektorat für Hebräisch ergriff, dessen Verwirklichung er nicht mehr erlebte. Er konnte Damen gegenüber auch galant sein: die Dora Scheuner nachfolgende Studentin Dora Nydegger, welche Prof. Haller als Lehrer und Mensch schätzte, wurde nach Studienabschluss irrtümlich nicht zum Schlussessen nach der Konsekration der Männer eingeladen, worauf ihr Prof. Haller einen persönlichen Entschuldigungsbrief schrieb: «Sie sind unschuldiges Opfer eines Zufalls geworden, und die Prüfungskommission musste das Vergnügen von Damengesellschaft bei dem sonst sehr einförmig masculinen Konsekrationsschmaus entbehren.» Er wünschte ihr eine Anstellung, «die Ihrem Können entspricht.» Mehrere Studentinnen erlebten Haller als freundlich, liebenswürdig, zuvorkommend und als Präsident der Prüfungskommission den Studentinnen gegenüber als korrekt. Aber man wusste, dass er ein grundsätzlicher Gegner des weiblichen Pfarramtes war, was er in der Synode[170] auch öffentlich bekannte. Er hielt das weibliche Pfarramt für eine Abwendung von der biblischen Linie und sah das Tätigkeitsfeld der Theologin in der Diakonie, z.B. in Diakonissenhäusern, wohin zum Zeitpunkt dieser seiner Aussage Dora Scheuner eben eingetreten war.[171] Obschon er von den Theologinnen gute Examenspredigten hörte, war er überzeugt, dass nur ein Mann auf die Kanzel gehöre. Es scheint, dass er nach 1940 langsam einsehen musste, dass seine feste Überzeugung immer weniger geteilt wurde und Theologinnen da und dort die ihnen gesetzten Grenzen mit Zustimmung von Kirchgemeinderat und Gemeinde überschritten. Seine Meldungen darüber an den Synodalrat hatten nicht die nötige Wirkung. Die heftige, zum Teil ausfällige Auseinandersetzung mit der anständigen und tüchtigen Lernvikarin Gertrud Wälchli 1948 erscheint als ein letzter verzweifelter Versuch, das Rad zurückzudrehen und die Theologin im Amt der Gemeindehelferin, wie es 1918 festgelegt war, zu belassen. Darum beantragte er in seinem letzten Brief an den Synodalrat, das Lernvikariat für Theologiestudentinnen zu streichen, diese sollten sich wieder selber eine Praktikumsstelle in Kranken- oder Gemeindepflege oder im Schuldienst suchen und damit also weiterhin eine Voraussetzung zum Pfarramt nicht vorweisen können. Kaum biblische Gründe stützten seine Haltung, sondern sein Geschlechterbild, das nicht mehr der Zeit entsprach.

170 Protokoll der Synode vom April 1944
171 Protokoll der Synode vom 10. Dezember 1940

Um ihre berufliche Zukunft machten sich die ersten Theologiestudentinnen kaum Sorgen, auch wenn die Umgebung einzelne vor der brotlosen Zukunft gewarnt hatte. Sie wussten alle bei Studienanfang, dass ihnen das Pfarramt nicht offen stand, vertrauten aber darauf, ihr Studium, das sie mit Begeisterung erfüllte, später doch irgendwo, in sozialer Arbeit, Seelsorge, Unterricht, Jugendarbeit brauchen zu können. «Kommt Zeit, kommt Rat», diese eine Antwort entsprach wohl der allgemeinen Stimmung. Vier Studentinnen strebten von Anfang an aufs Pfarramt hin, drei von ihnen mit Marie Speiser als Vorbild, und sie haben es alle erreicht, Mathilde Merz in Lenzburg (AG), Dora Ringgenberg in Olten (SO), Martha Stuber in Rapperswil-Jona (SG) und Katharina Frey 1954 als Vikarin in Frutigen durch extensive Auslegung des Bernischen Kirchengesetzes und dank Pfarrermangel sogar im Kanton Bern. Zwölf der neunzehn Theologinnen dieser Gruppe haben sich verheiratet und den Beruf nicht ausgeübt, von ihnen wurden sieben Pfarrfrauen, einzelne Verheiratete übernahmen hin und wieder stellvertretend einzelne Aufgaben. Familie und Pfarramt hat keine dieser Gruppe mit einander verbunden.

Obschon die ersten Theologinnen alle gerne auf ihr Studium zurückblicken, gab es Zurücksetzungen und Versäumnisse, die sie als ungerecht empfanden, und die sie, bei allem Humor, wütend machten: ihre Predigt, obwohl mit gleichem Wissen und Ernst wie die der Studenten erarbeitet, galt als «Ansprache»; Studentinnen, die beim Examen freiwillig zur schriftlichen Katechese antraten, wurden nach Hause geschickt; drei Kandidatinnen, die den Müslin-Preis für Predigt oder Katechese verdienten, wurden als Frauen vom Preis ausgeschlossen; ihre gedruckte Diplomurkunde lautete bis 1948 auf «Gemeindehelferin», obschon die Synode den Titel schon 1927 durch «Pfarrhelferin» ersetzt hatte; die Theologinnen wurden zum Lernvikariat zugelassen, durften aber nur unter der Kanzel und nur abends predigen, die Verwaltung der Sakramente und Kasualien waren ihnen verboten; die drei 1951 zur Konsekration eingeladenen und in die Feier integrierten Theologinnen wurden nirgends registriert. Die Berner Theo-

loginnen haben sich für ihre Sache merkwürdig wenig ge-
wehrt. Sie empfanden die Zulassung zum Theologiestudium
schon als Fortschritt, ihr Berufsziel war vage und nicht unbedingt das Pfarramt, ihre Zukunft war offen, sie liessen sie auf
sich zukommen und konzentrierten sich vorläufig auf ihr Studium. Sie empfanden wohl auch eine Ohnmacht gegenüber
den anonymen Behörden, mit denen sie keinen Kontakt hatten und die über sie entschieden. Es waren die «angestellten»
Dora Scheuner, Marie Speiser und Dora Nydegger, die ihr
Gesuch an den Synodalrat vom Mai 1939 um Erweiterung der
Arbeitsmöglichkeiten gerade auch im Blick auf die jüngern
Kolleginnen stellten: «Wir dürfen uns daher nicht wundern,
wenn bei unsern jüngern Theologinnen eine gewisse Rat-
losigkeit und Verbitterung der Kirche gegenüber entsteht, der
sie sich im Innersten zum Dienst verpflichtet wissen und
deren Gemeinden beständig nach Arbeitern rufen.»

Die theologische Ausrichtung der Theologinnen der ersten Gruppe unterschied sich nicht von denen ihrer männlichen Kollegen. Die ersten Studentinnen waren an diakoni-
scher Arbeit besonders interessiert, Anna Bachmann hat ihr
Leben lang mit Behinderten und Benachteiligten gearbeitet,
auch Irene von Harten in Deutschland bis zu ihrer Verheiratung. Mathilde Merz war schon während des Studiums mit
Pfr. Karl von Greyerz und durch ihn mit der religiös-sozialen
Bewegung, die das Frauenstudium befürwortete, in Verbindung gekommen. Durch ihn wurde ihr eine soziale Arbeit bei
Prof. Siegmund-Schultze in Berliner Armenvierteln ermöglicht. Früh waren die ersten Berner Theologinnen von der
dialektischen Theologie der Kreise um Karl Barth beeinflusst.
Sie studierten mit Ernst und achtsam die Bibel, und sie verstanden sich als «Verbi Divini Ministrae», als Dienerinnen am
göttlichen Wort. «Dies nicht als Titel, sondern als Versprechen», wie Dora Scheuner es an ihrer Installationsfeier aus-
sprach. Sie war Mitbegründerin der der dialektischen Theologie verpflichteten Theologischen Arbeitsgemeinschaft in Bern.
Dora Nydegger schreibt rückblickend über ihr Studium: «Es
war ein Auf und Ab, bis ich Karl Barth begegnete. Erst dann
begann ich zu verstehen.» Ab 1934, als Karl Barth in Basel

lehrte, wurde ein Studiensemester in Basel auch bei Berner
Theologinnen üblich, eine von ihnen berichtet noch heute
lebhaft von ihrem dortigen Arbeitskränzli, jetzt schon mit den
Barth-Söhnen. Einzelne waren der liberalen Theologie verpflichtet und nennen neben Martin Werner auch Fritz Buri,
damals noch Pfarrer in Täuffelen, als ihren Lehrer. An eine
besondere Theologie aus der Sicht von Frauen dachte keine
der Theologinnen der ersten Gruppe. Ihr angestrebtes Ziel
war die berufliche Gleichberechtigung der Theologinnen mit
ihren Kollegen.

Statistische Auswertung der Fragebogen

Zur Auswertung gelangten die Daten aller bernischen Studentinnen, die sich von 1968 an die Evangelisch-theologischen Fakultät der Universität Bern immatrikultierten ($n = 43$).

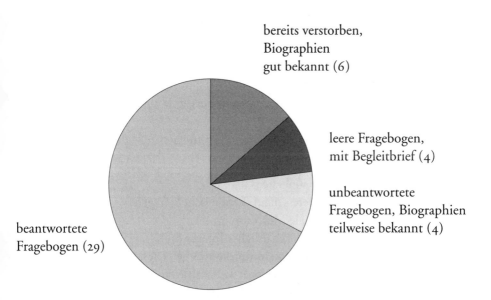

bereits verstorben,
Biographien
gut bekannt (6)

leere Fragebogen,
mit Begleitbrief (4)

unbeantwortete
Fragebogen, Biographien
teilweise bekannt (4)

beantwortete
Fragebogen (29)

Elternhaus

Eine Unterscheidung kirchliches vs. neutrales Elternhaus war aufgrund der Daten nicht möglich.

Die Antworten auf die Frage nach der Reaktion der näheren Umgebung (Familie, Freunde, Bekannte, Schule ...) auf die Wahl des Theologiestudiums lassen den Schluss zu, dass eine neutrale Haltung (drei Nennungen) die Ausnahme war. Elf der Befragten gaben an, eine positive Reaktion erhalten zu haben. Ebensoviele sahen sich aber mit einer kritischen Haltung konfrontiert, die von Kopfschütteln und bis zu deutlicher Ablehnung reichte.

Berufe der Eltern (soweit bekannt)

	Vater	Mutter
landwirtschaftliche Berufe	3	1
handwerkliche Berufe	2	
Arbeiter	1	
kaufmännische Berufe	8	2
Fabrikant	2	
medizinische Berufe	1	2
Pfarrer	2	
Lehrer/Lehrerin	7	6
Jurist	2	

Motivation

Welche Motivation war bei der Wahl des Theologiestudiums ausschlaggebend?
(Mehrfachnennungen möglich)

Vorbilder	23
persönlicher Glaube	13
Interessen an theologischen Fragen	11
soziale Motivation	11
wissenschaftliches Interesse	9
Engagement für die Kirche	8
Klärung eigener Lebensfragen	4
Rat anderer	2
Interesse an Öffentlichkeit und Politik	1
unbekannt	11

Vorbilder
(Mehrfachnennungen möglich)

Elternhaus	5
Religionslehrer/-lehrerin	2
andere kirchlich interessierte Lehrer	2
Pfarrer im kirchlichen Unterricht	7
andere Pfarrer und Theologen*	12
Theologinnen**	4
Exponenten des deutschen Widerstands	
(Bonhoeffer, Barth, Geschwister Scholl)	1
keine	6
unbekannt	14

  * Albert Schweitzer (2); Kutter (1); Ragaz (2); Blumhardt (1)
 ** Marie Speiser (3); Rosa Gutknecht (2); Dora Scheuner (2);
    Emmi Kühni (1)

Studienabbruch
12% (5 von 43) der vor 1968 an der Universität Bern immatrikulierten Theologiestudentinnen brachen ihr Studium ab.

Als Gründe für den Abbruch wurden genannt (Mehrfachnennungen möglich):

Familiäre Gründe:
Heirat mit Pfarrer (2)
Heirat und Familiengründung im Ausland (1)
Unvereinbarkeit von Beruf und Familie (1)

Gesundheitliche Gründe:
psychische Überlastung nach Wechsel des Studienorts (1)

Berufliche Gründe:
Unzufriedenheit mit dem Studienangebot in Bern (2)
Angst vor Dogmatik (1)
Fehlen einer Berufsaussicht (1)
Pfarrfrau als Beruf (2)
Pfarramt war nie Berufsziel (2)

Verhältnis zwischen Berufsziel
und effektiv ausgeübtem Beruf
(ohne Studienabbrecherinnen)

Berufsziel		*ausgeübter Beruf*	
kein konkretes	7	Pfarramt	3
		Gemeindehelferin	1
		Gemeindehelferin, soziale Arbeit	1
		Pfarramt, Ordensfrau	1
		Heirat, eigene theolog. Weiterarbeit	1
Pfarramt	16	Pfarramt	5
		Pfarrhelferin, Pfarrfrau	1
		Mithilfe im Pfarramt des Ehemannes	4
		Pfarrfrau, politische Arbeit	1
		Gemeindehelferin, nach Jahren volle Anerkennung als Pfarrerin	2
		Pfarramt, theol. Lehrerin, Dr. theol., Dozentin an Hochschule in Afrika	1
		Arztfrau, kirchenpolitische Tätigkeit, Predigtvertretungen	1
		Forschung, Professorin	1
Pfarrhelferin	1	Pfarramt	1
Jugendarbeit, Unterricht	2	Pfarrhelferin, Pfarramt	1
		Pfarramt, später Pfarrfrau	1
Jugendarbeit, Einsatz in 3.-Welt-Land	1	Auslandpastorat, Jugendarbeit, Pfarramt	1
soziale Arbeit, Mission	1	Pfarrfrau	1

Seelsorge,
Unterricht   1   Pfarrfrau inkl. Seelsorge
                     und Unterricht   1

unbekannt   9   Pfarramt   2
                     Pfarrfrau, Pfarramt,
                         kirchenpolitische Tätigkeit   2
                     Pfarrhelferin, Religionslehrerin,
                         Lektorin, Dr. theol. h. c.,
                         Honorarprofessorin   1
                     Gemeindehelferin, Leiterin eines
                         Mütter- und Säuglingsheims   1
                     Seelsorge (zuerst unbezahlt),
                         Unterricht   1
                     Verweserin, Frühpension   1
                     Zweitstudium, Dr. iur., Fürsprech   1

III Biographien der zwischen 1917 und 1965 immatrikulierten bernischen Theologinnen

Elisabeth Anna Bachmann   geb. 31. Oktober 1896, gest. 23. Juli 1987. Vater Beamter. Aufgewachsen in Bern, Klaraweg 10, dort wohnhaft bis zum Eintritt ins Altersheim. Maturität Typus A am Freien Gymnasium 1916. Immatrikuliert WS 1916 / SS 1917 an phil. 1 Fakultät in Bern. *23. Oktober 1917 Immatrikulation an der evang.-theol. Fakultät Bern als erste Frau.* Studiensemester in Basel und Marburg. Propaedeutikum und theoretisches Examen (aufgrund von § 28 des Prüfungsreglementes für weibliche Theologiestudierende) nach dem Prüfungsreglement für männliche Studierende. Akzess: «Der Gottesbegriff und das Gotteserlebnis in Augustins Konfessionen». Frühling 1924 Staatsexamen (ohne schriftliche Katechese). Praktikum an der Friedens-Kirchgemeinde Bern und im Schuldienst. Frühling 1925 *Diplom als Gemeindehelferin nach Art. 57 der Kirchenordnung vom 17. Dezember 1918.* Aktiv in der Jugendarbeit, Leiterin von Lagern im Rahmen der Christlichen Vereinigung Schweizerischer Mittelschülerinnen «Bachtalen». Da keine Arbeitsmöglichkeit als Gemeindehelferin: regelmässige Besuche bei weiblichen Gefangenen im Bezirksgefängnis Bern, monatliche Gottesdienste in der Strafanstalt Hindelbank (freiwillig, ohne Bezahlung). Weiterbildung in Psychologie und Pädagogik. Ab 1935 Unterweisung bei Hilfsschülerinnen der Stadt Bern (im Stundenlohn), Unterweisung im Mädchenheim Viktoria, Wabern (freiwillig), von 1941–1967 Seelsorge in der Frauenabteilung des Untersuchungs- und Bezirksgefängnisses in Bern (durch städtischen Pfarrverein geregelt), ab 1946 Seelsorge im Jenner-Kinderspital (im Stundenlohn, Fr. 7.40), als Lebensunterhalt ständig Nachhilfeunterricht in Griechisch und Latein für Gymnasiasten und Studenten. *1954 im Berner Münster konsekriert als erste Frau.* Als Folge: Die Zentralkommission der Kirchgemeinde Bern beauftragt und bezahlt Anna Bachmann für die Seelsorge an aus dem Bezirksgefängnis entlassene Frauen, und sie kann als

Spareinlegerin der Pensionskasse beitreten (im Alter von 58 Jahren!).

Irene von Harten (Schröter-von Harten) geb. 28. August 1899 in Warschau, gest. 28. Februar 1985 in Wolfenbüttel. Familie stammt von der Insel Oesel, heute Estland. Vorfahren: Pfarrer, Ärzte, Juristen. Aufgewachsen in Warschau. Muttersprache Deutsch, Schulsprache Russisch. Vater Untersuchungsrichter in Warschau, später zaristischer Unterstaatssekretär in St. Petersburg. Mutter, geb. Herbst, Banquierstochter in Warschau. Zwei Schwestern. Mutter mit den drei Töchtern 1914 in Aeschi (BE) in den Ferien, können nicht mehr nach Russland heimkehren. Von Berner Patriziern als Emigranten aufgenommen (Familie Zeerleder). Vater erreicht 1918 ebenfalls die Ausreise nach Bern. Grosseltern Herbst folgen, nach Enteignung mittellos. Nach Maturität am städtischen Gymnasium in Bern Immatrikulation ws 1918/19 an der evang.-theol. Fakultät. Motivation: Wohl soziales Engagement und Liebe zur Schöpfung (im Urteil ihrer Tochter), aber auch Einfluss von Kutter, Ragaz, Blumhardt und Albert Schweitzer (im Urteil ihres Sohnes). Examen gemäss § 28 wie männliche Studierende. Propaedeutikum Herbst 1920. Winter 1920/21 als Lehrerin für deutsche Kinder in Holland (Assen), anschliessend drei Studiensemester in Marburg. Wintersemester 1922/23 wieder in Bern. Akzessarbeit: «Das Gottes- und Menschproblem bei Dostojewsky». *Als erste Studentin gleiches theoretisches Staatsexamen wie ihre männlichen Kollegen Frühling 1923.* Praktikum am Volksanatorium Taunus und ab Mai 1924 als Gerichtshilfe (Gefangenenfürsorge) in Halle/S. *Diplom als Gemeindehelferin nach Art. 57 der Kirchenordnung vom 17. Dezember 1918* am 14. Oktober 1924 ausgehändigt. Ab Frühling 1925 Gehilfin eines Pfarrers in Halle , aber keine Möglichkeit zu selbständigem Wirken. Anschliessend Arbeit in den von Bodelschwinghschen Anstalten in Bethel. 1928 Heirat mit Pfr. Waldemar Schröter, Trauung in der Nydeggkirche in Bern, vier Kinder. Von 1928–1933 Pfarrfrau in Rathmannsdorf (Anhalt), von 1933–1935 in Köthen, von 1935–1949 in Bernburg. Arbeit in Konfirmandenunterricht und Frauengruppen.

In der Nazizeit hat ihr Mann, der der Bekennenden Kirche angehörte, während einem Jahr öffentliches Redeverbot, die Familie kann aber mit ihren vier Kindern im Pfarrhaus Bernburg bleiben. Von 1949–1961 in Dessau, wo ihr Mann Vorsitzender des Landeskirchenrates der Evangelischen Landeskirche Anhalts war (ab 1957 Kirchenpräsident). Ab 1961 wieder Pfarrfrau in einer Gemeinde der Kirche in Brandenburg. Da nach der Pensionierung des Mannes ohne Wohnung in der DDR, ziehen sie 1976 in den Westen Deutschlands. Bis zum Tode am 28. Februar 1985 in Wolfenbüttel. Ältester Sohn Pfarrer in der DDR, jetzt pensioniert.

Alice Dora Aeschbacher (Ott-Aeschbacher)   geb. 1899, gest. 28. Oktober 1933, Tochter von Pfr. Robert Aeschbacher, Nydeggkirche, (gest. 1909). 1919 Maturität Typus A am städtischen Gymnasium Bern. Immatr. WS 1919/20. *Prüfungen nach dem Prüfungsreglement für weibliche Studierende.* Propaedeutikum 1921. 1 Semester in Marburg. Theoret. Staatsexamen Frühjahr 1923. Praktikum bei Pfr. B. Pfister in der Paulusgemeinde von Mai bis Oktober 1923 (Krankenbesuche, Armenbesuche, Ansprachen bei admittierter weiblicher Jugend, Bureauarbeit). Herbst 1923 *Diplom als Gemeindehelferin nach Art. 57 der Kirchenordnung.* Da keine Arbeitsmöglichkeit als Gemeindehelferin bestand, bewarb sie sich als Lehrerin. Feldmeisterin bei den Pfadfinderinnen. Praktische Tätigkeit in Kinderpflege im Aeschbacherheim in Münsingen und in Lausanne, nach Grippe mit Herzkomplikation Erholungsaufenthalt bis Frühjahr 1925. Auf 1. Juni 1925 Wahl als Gemeindehelferin an die neu geschaffene Stelle einer Gemeindehelferin in der Johannes-, Münster-, und Nydeckgemeinde. Gründung der Jugendstube für Schulentlassene der Johannes-Kirchgemeinde. Jahresgehalt Fr. 4000.–. Herbst 1929: Wahl als Leiterin des Mütter- und Säuglingsheims Hohmad in Thun. Auf Anfrage Erlaubnis durch den Synodalrat, in dringenden Notfällen eine Nottaufe vollziehen zu dürfen, zeitlich beschränkt auf ihre Zeit als Heimleiterin. Dezember 1932 Heirat mit Pfr. Ott in Greifensee. Am 28. Oktober 1933 nach Geburt des ersten Kindes gestorben. Ihr Sohn ist Pfr. Ueli Ott, zuletzt (bis 1996) Pfarrer in Bubikon (ZH).

Mathilde Merz geb. 10. Juli 1899 in Brugg, gest. 20. November 1987 in Suhr. Vater Lehrer und Turnlehrer, 1911 als Leiter der Turnanstalt nach Bern berufen. Literargymnasium Typ. A. Berufswunsch Medizin blieb unerfüllt. Entschluss zum Theologiestudium. Motivation: Drang, andern Menschen helfen zu dürfen, Vorbild der tief gottesfürchtigen Mutter, Konfirmandenunterricht bei Pfr. Albert Schädelin, älterer Bruder Theologe. Berufsziel: Pfarrer. Ihr Studium wird Mathilde Merz als regelrechte Kampfzeit auf ihr Ziel hin erleben. Immatrikulation WS 1920/21. Propaedeutikum Herbst 1922 (gemäss § 28) als beste von zehn Kandidaten. 1923 auf Antrag von Prof. Hadorn von Unterrichtsdirektion am Dies academicus 1. Preis für ihre Seminararbeit «Die apokalyptischen Gedanken in den Gleichnissen Jesu». Akzessarbeit: «Die Eschatologie in Deuterojesaja und Tritojesaja». Theoretisches Staatsexamen Herbst 1924. Winter 1924/25 Praktikum in der Johannes-Kirchgemeinde Bern bei Pfr. Karl v. Greyerz, der sie schon im Studium unerschrocken unterstützte. Interesse für soziale Fragen geweckt. Frühjahr 1925: Praktisches Staatsexamen (ohne schriftliche Katechese) mit der Gesamtnote 1, als beste der Examinierten. *Diplom als Gemeindehelferin nach § 57 der KO.* Vermittelt durch Pfr. K. v. Greyerz: Aufenthalt in der «Sozialen Arbeitsgemeinschaft» in Berlin-Ost bei Prof. Siegmund-Schultze (Leiter des internationalen Versöhnungsbundes), Arbeit im grossen Berliner Armen- und Arbeiterviertel zusammen mit Akademikern aller Sparten. Herbst 1925 Wahl als Gemeindehelferin an die Friedenskirchgemeinde Bern: Jugend- und Frauenarbeit, Seelsorge und soziale Arbeit. Predigten und pfarramtliche Funktionen nicht erlaubt, selten «Andacht» «Ansprache» in der Kirche, aber ohne Glockengeläute. 1931 Wahl nach Lenzburg als Pfarrhelferin, alle pfarramtlichen Funktionen mit Ausnahme der Austeilung des Abendmahls. *Am 16. November 1955 in Bern konsekriert und gleichentags von Prüfungskommission und Synodalrat zur Aufnahme in den Kirchendienst empfohlen, Aufnahme am 25. November 1955.* Von da an in Lenzburg auch Austeilung des Abendmahls. 1959 Rücktritt und kürzere Vertretungen in Gemeinden der Aargauer und Berner Kirche. Im Urteil ehemaliger Kollegen war Mathilde Merz eine grossartige Persönlichkeit und hervorragende Theologin. In ihrem Nachruf steht: Die jahrzehntelange Belastung, die Spannung und der Kampf, in dem Mathilde Merz drinstand, bis sie endlich ein vollwertiges Pfarramt übernehmen durfte, waren bitter und verletzend für sie, aber sie verbitterte darüber nicht: «Und wenn ich auf mein Leben zurückblicke, so muss ich trotz vieler Kämpfe, Enttäuschungen und Widerstände immer wieder von neuem an meinen Konfirmationsspruch zurückdenken: Herr, wie kann ich dir nur vergelten alle deine Wohltat, die du an mir tust.»

Dora Scheuner geb. 15. Februar 1904, gest. 23. September 1979 in Bern. Vater Geschäftsmann. «Nachzüglerin», vier ältere Geschwister, wovon jüngste Schwester 18 Jahre, jüngster Bruder 21 Jahre älter als sie. Neue Mädchenschule, lebendiger Religionsunterricht bei Prof. W. Hadorn, welcher zur kritisch aufmerksamen Schülerin einmal bemerkte: «Du kannst denken, du könntest meiner Treu Theologie studieren.» Das blieb ihr unvergessen. Ohne Motivation Eintritt ins Lehrerinnen-Seminar. Engagiert in der Christlichen Vereinigung Schweizerischer Mittelschülerinnen «Bachtalen». Dadurch Kontakt zu Rosa Gutknecht, der ersten Theologin in Zürich. Durch diese zum Übertritt ins Gymnasium und zum Theologiestudium ermutigt. Maturität Typus A Herbst 1924. Immatrikulation Herbst 1924 in Bern. Studiensemester in Marburg. Aktiv in der Christlichen Studenten Vereinigung (CSV). Akzess: «Die geschichtlichen Quellen der Psalmen 78, 105, 114». Sonntagschularbeit und praktische Arbeit in der Kirchgemeinde in Braunwald sowie theologische Arbeit in Madiswil zum Teil an das obligatorische Praktikum anerkannt. Staatsexamen (aufgrund § 28) wie männliche Kollegen (ohne schriftliche Katechese). Abschluss Herbst 1929 mit der Gesamtnote 1 als einzige der Examinierten. Text der Examenspredigt Joh. 18,37–40. Dazu die Prüfungskommission: «Des homiletischen Müslinpreises hält die Commission einmütig die Probepredigt von

Fräulein Scheuner für würdig. Die Commission bedauert aber, dass der Wortlaut des Testamentes des Herrn David Müslin es nicht gestattet, einer Candidatin der Theologie den Preis auszurichten.» Zum Dienst als Gemeindehelferin (ihre Kollegen «zur Aufnahme ins Ministerium») empfohlen. *Diplom als Gemeindehelferin nach § 57 der KO.* Gewählt an die neugeschaffene Pfarrhelferinnenstelle in der Johannes Kirchgemeinde Bern. Prüfungskommission bittet den Synodalrat, an Stelle der nicht möglichen Konsekration eine Feier zum Stellenantritt vorzusehen. Der Synodalrat bestimmt dazu als Prediger Prof. und Synodalrat W. Hadorn. Dieser stirbt unerwartet kurz vorher, an seiner Stelle predigt Münsterpfarrer Prof. Albert Schädelin als Mitglied der Prüfungskommission. Von 1929–1940 Pfarrhelferin an der Johannes-Gemeinde, nur Abendpredigten erlaubt, kirchl. Unterricht nur für Schwachbegabte. Daneben verschiedene Publikationen und Vorträge. Aktive Mitarbeit in der Theologischen Arbeitsgemeinschaft. 1940/41 praktische Arbeit als Lernschwester im Diakonissenhaus. Von 1942–1972 Religionslehrerin an der Mädchensekundarschule Monbijou, zeitweise auch am Lehrerinnenseminar Marzili und an der Fortbildungsschule, Latein-Unterricht an der Neuen Mädchenschule (heute Neue Mittelschule). Seit 1942 in den Räumen der Universität mit Erlaubnis der kant. Erziehungsdirektion Privatunterricht in Hebräisch für Theologiestudierende. Seit 1947 auf Antrag von Prof. M. Haller Ringen der Fakultät mit dem Staat um Bewilligung einer Lektorenstelle für Hebräisch, vorerst ohne Erfolg. Durch Regierungsratsbeschluss vom *30. Juni 1950* Ernennung *zur Lektorin für Hebräisch* an der evang.-theol. Fakultät, zeitgleich mit der Beförderung von a. o. Prof. J. J. Stamm zum Ordinarius für Altes Testament. Dieser hatte die Beförderung von Dora Scheuner dem Regierungsrat als eine der Bedingungen vorgelegt, um auf seine Berufung als Ordinarius nach Göttingen zu verzichten. *1954 Dr. theol. h. c.* der Universität Bern für die zusammen mit Pastor Niesel vollendete und ergänzte Herausgabe der «Opera selecta» Calvins, an der Dora Scheuner seit 1927 mit dem 1940 verstorbenen Pfr. Dr. Peter Barth gearbeitet hatte. *1964* auf Antrag der Fakultät Ernennung zur *Honorar-*

professorin durch den Regierungsrat. Neben Hebräisch auch Vorlesungen über ausgewählte Kapitel der alttestamentlichen Literatur. *1967 Konsekration.* 1974 Pensionierung. – Gründungsmitglied des Schweizerischen Verbandes der Theologinnen, von 1943 – 1945 Präsidentin der bernischen Akademikerinnen.

Dora Nydegger (Zulliger-Nydegger) geb. 17. Dezember 1909. Eltern beide Lehrer, Schwester Lehrerin. 1929 Maturität Typus A am Gymnasium Biel. Immatrikulation Herbst 1929 in Basel, ab Herbst 1930 in Bern. Motivation: Interesse, was hinter der christlichen Kirche stecken könnte. Berufsziel: «Kommt Zeit, kommt Rat». Examen gemäss § 28 wie Studenten. Propaedeuticum Herbst 1931. Studiensemester in Wien und Bonn. Akzessarbeit: «Gotthelf auf den Spuren Pestalozzis». Praktikum 1933/34 in Furna (GR) bei Greti Caprez-Roffler, die alle pfarramtlichen Funktionen in der Gemeinde ausübte und deren volle Vertretung während des Mutterschaftsurlaubs Dora Nydegger übernahm. Frühling 1935 theoretischer und praktischer Teil des Staatsexamens (ohne schriftliche Katechese), *Diplom als Gemeindehelferin nach § 57 der KO.* Da keine Arbeitsmöglichkeit in der Kirche, Haushalthilfe bei ihrer früheren Lehrpfarrerin während eines Jahres. 1936 von der Gemeinde Biberist-Gerlafingen (SO) angefragt als Entlastung des Pfarrers für ein Jahr, von Kirchgemeinderat als Pfarrhelferin gewählt mit Amtsantritt am 5. Februar 1937. Vom Kultusdepartement Solothurn Auflagen: darf sich nicht Pfarrhelferin, sondern muss sich Gemeindehelferin nennen, keine Predigten, keine Sakramente, keine Kasualien. Wendet sich an bernischen Pfarrer, Sekretär des Synodalrates. Antwort: «Machen Sie, was Sie wollen, nur fragen Sie uns nicht! Sonst müssen wir es verbieten.» Von 1936 – 1939 weiterhin in Biberist-Gerlafingen, Ausübung des vollen Pfarramtes mit Ausnahme des öffentlichen Verteilens des Abendmahles. 1939 Rücktritt und Heirat mit Mittelschullehrer, vier Kinder. Später häufige Predigtvertretungen im Kanton Zürich. Jahrelang Bibelarbeit mit konstantem kleinem Kreis interessierter Laien in Küsnacht. Lebt in Küsnacht.

Salome Sulser (Griasch-Sulser) geb. 15. August 1910, gest. 16. Dezember 1997 in Heidenheim (D). Vater Kaufmann, Bruder Pfarrer. Maturität Typus A 1932, Humboldtianum, Bern. Motivation: Konfirmandenunterricht bei Pfr. Amsler. Berufsziel: Gemeindepfarramt, hoffend, dass Einschränkungen bis dann fallen werden, weil Frauen im Pfarramt nötig sind. Immatrikulation Sommer 1932 in Bern. Examen nach § 28 wie männliche Studierende. Propaedeuticum Herbst 1934. Studiensemester in Tübingen. Akzessarbeit: «Franz von Assisi». Herbst 1937 theoretisches Staatsexamen. Praktikum in Zuchwil bei Pfr. Marie Speiser. Staatsexamen 2. Teil (ohne schriftliche Katechese) Frühling 1938. *Diplom als Gemeindehelferin nach § 57 der KO.* Heirat 1940 mit Pfr. Wilhelm Griasch in Schönaich (D). Als Pfarrfrau Predigt-Dienst und Kasualien. Eine Tochter wieder Pfarrerin.

Marie-Louise Martin geb. 12. Februar 1912 in Luzern, gest. 7. Juni 1990. Immatrikulation Herbst 1932. Propaedeuticum Herbst 1934, als beste der Kandidaten. 21. Oktober 1935 Abmeldung in Bern: studiert in Basel weiter, hat mit Konkordatsexamen bessere Möglichkeiten. Konkordatsbehörde will bernisches Graecum, Hebraicum und Propaedeuticum nicht anrechnen. Prüfungskommission wehrt sich gegen «diese beleidigende Missachtung ordentlicher bernischer Prüfungen». Nach Konkordatsexamen und Ordination Arbeit in der Diasporagemeinde Lugano. Nach 1945 im Auftrag der Schweizerischen Südafrika-Mission theologische Lehrerin im Nord-Transvaal, ab 1957 an der theologischen Fakultät in Morija, im heutigen Lesotho. 1962 zum Dr. theol. der Universität von Südafrika promoviert, als Apartheid-Gegnerin Wegzug aus Südafrika. Ab 1968 im Auftrag der Mission der Brüdergemeine nach Zaire, ab 1969 Aufbau einer höheren theologischen Schule für Kimbanguisten in Lutendele (Kinshasa). Rückkehr in die Schweiz 1990.

Alice Lüscher Immatrikuliert WS 1933/34. Studium in Bern. Examen aufgrund § 28 wie männliche Studierende. Propaedeuticum Herbst 1935. Akzessarbeit «Über den Sinn des Fastens».

Theoretisches und praktisches Staatsexamen (ohne schriftliche Katechese) Frühjahr 1938. Praktikum in der Kirchgemeinde Langenthal. *Diplom als Gemeindehelferin nach § 57 der KO Herbst 1938.* Zweitstudium Jurisprudenz, Dr. iur., Fürsprecher in Bern. Lebt in Bern.

Eugénie Elsässer (von Matt-Elsässer) geb. 19. Februar 1915. Vater Fabrikant, Grossvater Mitbegründer der Pilgermission St. Chrischona. Maturität Typus A mit Hebräisch, Gymnasium Burgdorf. Immatrikulation WS 1934/35. Motivation: Geprägt von pietistischem Elternhaus, Eltern in EG, beeindruckt von Pfr. Ad. Schlatter, beeindruckt von Vorträgen von Prof. Koeberle. Studienwahl als logische Folge. Kein Berufsziel. Examen wie männliche Studierende nach § 28. Propaedeuticum Herbst 1936. Studiensemester in Basel und Genf. Akzessarbeit: «Der Begriff martyria und martyrein in den johanneischen Schriften». Theoretischer Teil des Staatsexamens Frühling 1941, praktischer Teil (ohne schriftliche Katechese) Herbst 1941. *Diplom als Gemeindehelferin nach § 57 der KO* zerrissen. Aufgrund der beschränkten Arbeitsmöglichkeiten als Gemeindehelferin auf Wahl an die Münstergemeinde verzichtet. Tätig in der Flüchtlingsbetreuung im Rahmen der YWCA (Young Woman Christian Association). Als FHD im Aktivdienst als Arztsekretärin. 1946 Heirat mit Arzt, drei Kinder. Konvertiert, römisch-katholisch, aktiv in OREB (religiöse Erwachsenenbildung), theologisch sehr interessiert (Küng; Drewermann ...). Hat Russisch gelernt und Russisch-Klassen unterrichtet. Lebt in Horw.

Dora Ringgenberg (Roesler-Ringgenberg) geb. 22. Oktober 1915. Maturität Typus A 1934 am städt. Gymnasium Bern. Immatrikulation WS 1934/35 in Bern. Motivation: Im Dienst des Herrn und der Kirche zu stehen. Berufsziel: Jugendbetreuung und Unterricht. Examen gemäss § 28 wie männliche Studierende (ohne schriftliche Katechese). Propaedeuticum Herbst 1936. Studiensemester in Basel. Akzessarbeit: «Charakteristik von Christian Fürchtegott Gellerts Christentumsauffassung und Frömmigkeit». Theoretisches Staatsexamen Herbst 1939.

Praktikum bzw. Lernvikariat in der Friedenskirche Bern. Praktisches Staatsexamen Frühling 1940. *Diplom als Gemeindehelferin nach § 57 der KO.* Anstellung als Pfarrhelferin in Biberist-Gerlafingen, mit sämtlichen pfarramtlichen Aufgaben. Von 1940–1945 als Vikarin in Olten, 1945–1951 Pfarrerin im Pfarrkreis Dulliken-Starrkirch-Wil der Kirchgemeinde Olten. *Ordiniert 1949 von der Evangelisch-reformierten Kirche im untern Teil des Kantons Solothurn.* 1951 Heirat mit Pfr. Roesler. Mithilfe im Pfarramt, während drei Monaten volle Vertretung des Pfarramtes. *1959 Aufnahme in den Bernischen Kirchendienst.* Von 1970–1977 je eine halbe Stelle in Bauma und Bäretswil (ZH). Nach Pensionierung 1978–1979 Verweserei in Olten. Leitung von zwei Bibelgruppen, Vertretungen. Lebt in Olten.

Sonja Ellenson (Sulser-Ellenson)   geb. 12. Februar 1920. Eltern: Kaufmann, Heilgymnastin. Maturität Typus A 1938 am städt. Gymnasium Bern. Immatrikulation Herbst 1938 in Bern. Motivation: Unterweisung bei Pfr. Tenger, Interesse an theol. Fragen; jugendlicher Idealismus, der Menschheit zu helfen. Berufsziel: mit Menschen arbeiten, sei es in Kirchgemeinde, Heim oder Mission. Examen aufgrund § 28 wie die Studenten, ohne schriftliche Katechese. Peopaedeuticum Herbst 1940. Akzessarbeit: « Das Verhältnis von Naturwissenschaft und Religion bei Bernhard Bavink». Theoretisches Staatsexamen Herbst 1944. Praktikum bzw. Lernvikariat bei Pfr. Fritz Buri in Täuffelen. Prakt. Staatsexamen Frühling 1945, Gesamtnote 1. *Diplom als Gemeindehelferin nach § 57 der KO.* Anschliessend mit ihrer Kollegin A. Schneeberger in Sitzung des Synodalrates eingeladen, kurzer Glückwunsch zum Diplom und gemeinsames Singen stehend der 1. Strophe von «Grosser Gott, wir loben dich.» 1945 Heirat mit Pfr. Hans Sulser, eine Tochter. Mitwirkung im Pfarramt, gelegentliche Stellvertretung in Täuffelen bei Abwesenheit von Pfr. Fritz Buri wegen Vorlesungstätigkeit, gelegentlich auch in Basel, wo sie als erste Frau 1955 im Münster gepredigt hat. Lebt in Wabern.

Anna Schneeberger (Walther-Schneeberger) geb. 18. August 1920. Eltern: Pfarrer, Lehrerin. Gymnasium Biel und Bern, Maturität Typus A mit Hebräisch 1939. Immatrikuliert WS 1939 in Bern, ganzes Studium in Bern. Motivation: Vertiefter Umgang mit der Bibel und dadurch vermehrte Einsicht, um Mitmenschen in Schwierigkeiten und Glaubenskrisen helfen zu können. Ermutigt durch Vorbild von Dora Scheuner und Marie Speiser. Berufsziel: Seelsorge und Jugendarbeit. Examen gemäss § 28 wie Studenten, ohne schriftliche Katechese. Propaedeuticum Herbst 1941. Akzessarbeit: «Eikon, der Gedanke des Ebenbildes Gottes bei Paulus.» Theoretisches Staatsexamen Herbst 1944. Praktikum bzw. Lernvikariat in Nydegg-Kirchgemeinde bei ihrem Bruder Pfr. Schneeberger. Praktisches Staatsexamen Frühling 1945. *Diplom als Gemeindehelferin § 57 KO.* Anschliessend mit ihrer Kollegin S. Ellenson von Synodalrat in seiner Sitzung kurz beglückwünscht und – in ihrer Erinnerung – Singen der 1. Strophe des Liedes «Ihr Knechte Gottes allzugleich …». 1947 Heirat mit ihrem früheren Hebräischlehrer. Theologische Weiterarbeit in Lektüre und mit Kolleginnen. In Bezug auf Paulus-Stellen, die gegen das Predigtamt der Frau zu sprechen schienen, halfen ihr Ausführungen von lic. theol. Emil Bock, Leiter der «Christengemeinschaft», einer Bewegung für religiöse Erneuerung, weiter. Lebt in Bern.

Martha Stuber geb. 22. April 1921. Eltern: Lehrer/Handelsdiplom. Maturität Typus A mit Hebräisch an der Kantonsschule Solothurn 1941. Immatrikulation Herbst 1941 in Bern. Motivation: Innerste Überzeugung, Theologie studieren zu müssen. Berufsziel: Pfarrer. Examen nach § 28 wie Studenten. Propaedeuticum Herbst 1943. Studiensemester in Basel. Akzessarbeit: «Johann Christoph Blumhardt». Theoretisches Staatsexamen Herbst 1946. Praktikum bzw. Lernvikariat in Balsthal bei Pfr. O. Schäfer, der ihr völlige Freiheit zu allen pfarramtlichen Funktionen liess. Praktisches Staatsexamen (ohne schriftliche Katechese) Frühling 1947 in Bern. *Diplom als Gemeindehelferin nach § 57 der KO,* das sie aus Enttäuschung zerriss. Später Studiensemester in Tübingen. *Ordiniert Sommer*

1947 durch den Präsidenten der St. Gallerkirche Pfr. Rotach, mit Ermächtigung zur Ausübung aller pfarramtlicher Funktionen, eingeschlossen die Verwaltung der Sakramente. Ab 1947 Pfarrhelferin in Rapperswil-Jona (SG). Nach Einführung des vollen Pfarramtes für Theologinnen, beantragt in der Synode durch Rapperswil-Jona, wurde Martha Stuber durch Urnenwahl (der Männer!) am 26. Mai 1963 zur vollamtlichen Pfarrerin von Rapperswil-Jona gewählt. Pensionierung 1983. Lebt in Jona.

Gertrud Wälchli (Gutbub-Wälchli) geb. 14. April 1923, gest. 1995 in Strassburg. Eltern: Bahnbeamter/Arbeitslehrerin. Progymnasium Olten, Kantonsschule Solothurn, Maturität Typus B. Immatrikuliert Herbst 1942 in Bern. Motivation: Vertiefung des Glaubens. Berufsziel: wenn möglich Pfarramt, eventuell soziale Arbeit. Examen nach §28 wie Studenten, ohne schriftiche Katechese. Propaedeuticum Frühling 1945. Studiensemester in Paris. Theoretisches Staatsexamen Frühling 1948. Praktikum bzw. Lernvikariat in Lauperswil bei Pfr. Wälchli. Praktisches Staatsexamen Herbst 1948. *Erstmals Diplom als Pfarrhelferin,* aber gleiches Formular wie bisher für Gemeindehelferinnen, und ebenfalls *nach §57 der KO vom 17. Dezember 1918.* Der Konsekrator der Kommilitonen, die mit ihr Examen abgelegt hatten, Pfr. Hans von Rütte, bat sie, an der Konsekration neben ihren Kollegen im Münsterchor Platz zu nehmen, erwähnte, dass sie trotz gleicher Studien dem Gesetze nach leider nicht konsekriert werden dürfe, schliesse sie aber in alle Gebete mit ein. (Für diese Erwähnung wurde der Konsekrator vom Präsidenten der Prüfungskommission gerügt.) *Die Feier wurde später in Strasbourg als Konsekration anerkannt.* Vikar, dann pasteur-administrateur der Gemeinde Strasbourg-Neudorf der Eglise de la Confession d'Augsbourg d'Alsace et de Lorraine, mit eigenem Gemeindekreis. Als solche französische Staatsangestellte. Heirat 1951 mit einem Ägyptologen des französischen Instituts in Kairo. Mehrere Jahre in Ägypten, stellvertretend Übernahme der Gemeinde der église évangelique de langue française in Kairo. Zurück im Elsass Religionsunterricht an Schulen,

Bibelstunden, Predigtvertretungen bis zum Pensionsalter. Ältester Sohn Pfarrer.

Katharina Frey geb. 5. Oktober 1923. Vater: Jurist, Schwester Juristin, Bruder Jurist. Maturität Typus A, Kantonsschule Solothurn 1943. Immatrikulation Herbst 1943 in Bern. Motivation: Wollte ihre Kräfte nach dem Krieg zum Wiederaufbau einsetzen: Theologie oder Phil. 1? Das Vorbild Marie Speiser gab den Ausschlag zur Wahl, das Vorbild Dora Scheuner zum Verbleiben bei der Theologie. Berufsziel: wenn möglich Pfarramt. Da im Kanton Bern dies nicht möglich, aber in der Aargauer Kirche Ordination für sie offen: Wechsel und Immatrikulation Herbst 1944 nach Basel. Konkordatsexamen 1948, Vikariat in Kölliken, Abschlussexamen Herbst 1948. *Ordination in Reinach (AG) am 14. November 1948 durch den Aargauer Kirchenrat, Aufnahme ins Pfarrkollegium, VDM, laut Aargauer KO wählbar nur in Vikariat oder Hilfspfarramt.* (Ab 1. Januar 1964 Änderung der Aargauischen Kirchenordnung: volle Wählbarkeit) Im Dienst der Aargauer Kirche verschiedene Vertretungen. Konsequente Bewerbung an jede ausgeschriebene Pfarr- oder Pfarrhelferstelle. November 1949 bis Frühjahr 1950 Hilfspfarrerin an der deutschsprachigen Gemeinde Villamont in Lausanne. Während der folgenden zwei Jahre verschiedene zum Teil längere Verwesereien im Aargau. Nach Wahl durch die Kirchgemeinderäte von Frutigen und Adelboden in die gemeinsame Vikariatsstelle Engstligental: 1955 Probepredigt vor der Bernischen Prüfungsbehörde und Empfehlung zur Aufnahme in den Bern. Kirchendienst. *Erste in den bernischen Kirchendienst aufgenommene Theologin 1955.* Von 1955–1961 Vikarin, von 1961–1963 Hilfspfarrerin in Frutigen/Adelboden. Von 1963–1968 Pfarrerin in Kirchberg (AG), von 1968 bis zur Pensionierung 1986 Pfarrerin in Buchs-Rohr (AG). Lebt in Oberentfelden.

Käthi Steiner (Rumpf-Steiner) geb. 24. Dezember 1923. Vater Sekundarlehrer. Maturität Typus A am Gymnasium Kirchenfeld, Bern, 1944. Immatrikulation Herbst 1944 in Bern. Motivation: Antwort auf Lebensfragen. Berufsziel: Seelsorge und

Unterricht, eventuell Krankenschwester. Examen gemäss §28 wie Studenten, ohne schriftliche Katechese. Propaedeuticum Frühling 1947. Studiensemester in Tübingen. Theoretisches Staatsexamen Herbst 1950. Lernvikariat in Lauperswil bei Pfr. Wälchli. Praktisches Staatsexamen Frühjahr 1951. *Diplom als Pfarrhelferin nach §57 der KO.* Zusammen mit den beiden Examenskolleginnen Ruth Eggimann und Hanni Loosli zur Konsekration der männlichen Absolventen in Grossaffoltern eingeladen. Handschlag und Bibelspruch von Konsekrator Pfr. Jaggi, stehend (Männer kniend, mit Handauflegung). Heirat 1951 mit Pfr. Robert Rumpf, sechs Kinder. Als Pfarrfrau Mithilfe in Seelsorge, Unterricht, Frauenarbeit. Leitung von Alters-, Kranken- und Nähverein, Unterricht mit geistig Behinderten. Lebt in Muri/BE.

Ruth Eggimann (Fritze-Eggimann) geb. 4. Juni 1926. Maturität Typus A am Gymnasium Burgdorf 1946. Immatrikuliert Herbst 1946 an phil. I Fakultät (Kunstgeschichte, Literatur, Philosophie). Ab Sommersemester 1947 an der theologischen Fakultät. Propaedeuticum März 1949. Werkstudentin. Aus zeitlichen und finanziellen Gründen rascher Abschluss: theoretischer und praktischer Teil des Staatsexamens gemäss §30 bis 32 des Prüfungsreglementes zusammen im Frühling 1951, ohne schriftliche Katechese. Als Werkstudentin Ferienvertretung im Pfarramt Lauperswil (Pfr. R. Wälchli) und Stellvertretungen an Sekundar- und Primarschulen, was als Praktikum anerkannt wurde. *Diplom als Pfarrhelferin nach §57 KO.* An Konsekration der männl. Examinierten eingeladen (Mai 1951) Handschlag und Bibelspruch von Konsekrator Pfr. Jaggi. Juni 1951 Heirat mit Pfr. Ernst Fritze, deutscher Staatsangehöriger, drei Töchter. 1951/52 Religionsunterricht an Grund und Berufsschule, Seelsorge Städt. Krankenhaus Kaiserslautern. 1972–1986 Krankenhauspfarramt Klinikum Ludwigshafen/Rh (Teilzeit), Medienarbeit, Behindertenberatung, Buch-Autorin. Nach Pensionierung des Mannes Rückkehr in die Schweiz. Predigtvertretungen, Vorträge. Lebt in Rohrbach.

Hanna Loosli (Lindt-Loosli) geb. 29. Juni 1926. Vater: Bahnbeamter. Maturität Typus A 1945 am Gymnasium Biel. Immatrikulation WS 1945 in Basel, WS 1946 in Zürich, ab Herbst 1947 in Bern (Mit Heimat- und Wohnort im Kanton Bern Examen im Konkordat nicht möglich). Motivation: Eifrige Sonntagsschul- und Predigtbesuche, Interesse an Glaubensfragen. Berufsziel: wenn möglich Pfarrer. Examen nach § 28 wie Studenten (ohne schriftliche Katechese). Propaedeuticum Frühling 1948. Studiensemester in Basel. Akzessarbeit: «Lebensunwertes Leben?» bei Prof. A. de Quervain. Theoretisches Staatsexamen Herbst 1950. Lernvikariat bzw. Praktikum in Frutigen bei Pfr. Hans v. Rütte. Von ihm zur Sakraments-Austeilung ins Wallis (Brig, Visp) geschickt, da in Berner Kirche nicht erlaubt. Praktischer Teil des Staatsexamens Frühjahr 1951. *Diplom als Pfarrhelferin nach § 57 KO.* Zur Konsekration der Kollegen in Grossaffoltern mit den zwei andern Theologinnen eingeladen, Handschlag und Bibelspruch von Pfr. Jaggi. (In der Konsekrationsliste der Landeskirche sind die drei Theologinnen nicht eingetragen: Konsekration – ohne ihr Wissen – damals nicht anerkannt!). Arbeit «in der blauen Schürze» in den von Bodelschwinghschen Anstalten in Bethel, Besuch homiletischer Vorlesungen und Übungen an der dortigen theologischen Hochschule. 1952 Mitarbeit in der Kirchgemeinde Biel (ohne Bezahlung). Herbst 1952 Heirat mit dem Arzt Martin Lindt, sieben Kinder. Mithilfe in der Praxis des Ehemannes. Daneben Predigtvertretungen, kirchliche Frauenarbeit. 1958–1965 Mitglied der Synode, vier Jahre als deutsche Sekretärin. Mitglied des Kirchgemeinderates Derendingen, später Herzogenbuchsee. Ab Sommer 1977 Mitglied des Synodalrates als erste Frau (Frauen ab 1. Oktober 1976 wählbar), zuerst nebenamtlich, von 1982–1988 im Vollamt. *1979 wurde die damalige Konsekration in Grossaffoltern vom Synodalrat anerkannt: VDM, 1979 Aufnahme in den Bernischen Kirchendienst.* Lebt in Biel.

Lucie Huber (Hostettler-Huber) geb. 18. August 1931. Vater:
Gymnasiallehrer, phil. I, Schwester Ärztin. Maturität Typus A,
Gymnasium Burgdorf 1950. Immatrikulation Herbst 1950 an
der theol. Fakultät Bern. Motivation: Berufung während
schwerer Krankheit. Beeindruckt von Unterweisungspfarrer
und einer Religionslehrerin der Sekundarschule. Berufsziel:
Pfarramt. Propaedeuticum Herbst 1953. Studiensemester in
Basel und Montpellier. Akzessarbeit: «Jeremias Gotthelf, Ber-
ner Predigten, dogmatische und homiletische Untersuchung»,
Zwingliana Bd XI. Nach neuem Reglement von 1957 Staats-
examen wie Studenten 1958. Lernvikariat in Zimmerwald.
Herbst 1958 praktisches Staatsexamen, Ausweis wie Studenten:
VDM. Konsekriert zusammen mit ihren männlichen Kollegen
im Berner Münster durch Pfr. Walter Hutzli. Aufnahme in
Bernischen Kirchendienst zusammen mit ihren Kollegen 1958.
Gewählt als Vikarin in das neu geschaffene Vikariat Muri-
Gümligen. 1961 Heirat mit Pfr. Paul Hostettler, ein Sohn. De-
mission als Vikarin. Pfarrfrau, mit freiwilliger Mitarbeit
(Sonntagschule, Familiengottesdienste, Seelsorge). Nach Kon-
firmation des Sohnes Übernahme einer Teilzeitstelle (Eltern-,
Kinder- und Sonntagschularbeit in der EG, mit Kursarbeit in
den Gemeinden). Lebt in Bern.

Susi Lüthi (Zbären-Lüthi) von Burgdorf. Vater Fabrikant.
Immatrikuliert ss 1953 in Bern. Frühling *1957 Abschlussexamen*
gemäss §§ 29 – 35 nach dem Prüfungsreglement für weibliche Stu-
dierende von 1921. Heirat mit Pfr. Markus Zbären. Pfarrfrau,
Leitung von Randolins (GR). Lebt in Horgen.

Ruth Abderhalden geb. 20. August 1914. Maturität 1933.
Studien in Zürich und Halle a. d. Saale. Abschluss mit Kon-
kordats-Examen. Lernvikariat in Arosa bei Pfr. Kurtz. Konsekration 1. Dezember 1940. Verschiedene Stellvertretungen.
1960 Aufnahme in Bernischen Kirchendienst. Von 1961–1965
Pfarrverweserin, von 1965 – 1971 Pfarrerin in Münsingen. 1971
Pensionierung aus gesundheitlichen Gründen.

Edith Meier (Singh-Meier) geb. 29. April 1928. Eltern: Malermeister/Krankenschwester. Nach obligatorischer Schulzeit Frauenbildungsschule, Maturitätsschule Minerva, Zürich, Maturität Typus A. Immatrikulation 1949 an der theologischen Fakultät Zürich. Motivation: Vorbild von Rosa Gutknecht, Konfirmandenunterricht bei Pfr. Oskar Farner. Wunsch, durch möglichst umfassende theologische Ausbildung das Evangelium bezeugen zu können. Berufsziel: Gemeindepfarramt. Studiensemester in Zürich, Basel, Wien, Göttingen, Münster i.W., Amsterdam. Vikariat in Lemgo, Examen bei der Reformierten Landeskirche Lippe-Detmold. Zweites Vikariat in Zimmerwald und Staatsexamen in Bern. Konsekration im Berner Münster, 1960 Aufnahme in den bernischen Kirchendienst. 1961 Verweserei in Dürrenroth, 1962 in Köniz. *1965 als erste Pfarrerin nach der Abstimmung vom Februar 1965 in ein Einzelpfarramt gleichberechtigt installiert: 1965–1968 in Schlosswil.* 1968 Pfarramt Gadmen, 1973 Eggiwil, 1979 Bauma (ZH), 1983 Veltheim (AG). Lebt in Niederried b. Brienz.

Denise Piccard geb. 20. April 1921. Maturität in Bruxelles, Lizentiat der Theologie an der faculté de théologie in Lausanne. Nachdiplomstudien in AT an der theologischen Fakultät von Strasbourg. Lernvikariat in der église réformée de France, in Pau. *1961 Konsekration in La Neuveville und Aufnahme in den Bernischen Kirchendienst.* Von 1964–1973 Pfarrhelferin, von 1973–1983 Pfarrerin an der paroisse française in Bern. Pensionierung 30. April 1983. Lebt in Lausanne.

Vreni Schneider (Schneider Biber) geb. 1938. Maturität im Herbst 1956. Immatrikulation November 1956 in Bern. Juni 1961 gleichzeitig beide Teile des Staatsexamens und *Konsekration*, nach neunmonatiger Vertretung in der deutschen Kirchgemeinde in Delémont, was als Lernvikariat angerechnet wurde. Heirat mit Pfr. Charles Biber, zwei Töchter. *1965 aufgenommen in Bernischen Kirchendienst.* 1967 Vertretung und 1968–1980 Pfarrerin in Moutier (deutsch). Ab 1980 Mitarbeiterin im Zentralsekretariat der KEM, Leiterin der Abteilung Bildung und Theologie und Sekretariat der Südafrika Mission und der CEVAA.

Helen Fuhrer (Meyer-Fuhrer) geb. 12. Oktober 1940. Vater Arbeiter. Geschwister Handwerker. Maturität Typus A, mit Hebräisch, Kantonsschule Solothurn 1959. Motivation: Interesse an der Bibel, Anwendung der alten Sprachen, Interesse an Öffentlichkeit, Politik, Gemeinwesen. Berufsziel: Pfarramt. Immatrikulation Herbst 1959 in Bern. Studiensemester in Hamburg. Staatsexamen nach Lernvikariat in Spiez Frühjahr 1965. *Konsekration und Aufnahme in den Kirchendienst 1965.* 1965 Heirat mit Pfr. Walter Meyer, drei Kinder. Verweserin 1965 Bätterkinden, 1965 Bern-Bethlehem, Rücktritt 1967. Von da an Mithilfe im Pfarramt des Ehemannes, Mitglied der «Saemann»-Redaktion. Ab 1975 politische Arbeit, nichtständige Gemeinderätin in Biel, Grossrätin. Mitglied des Synodalrates 1986–1993. Längere Vertretungen und Teilzeitstellen. Lebt in Biel.

Marguerite Stocker geb. 19. September 1926. Eltern: Landwirt/Bäuerin. Nach Primar- und Sekundarschule in Bulle, ein Jahr Handelsschule Bern, kaufmännische Angestellte, später Direktionssekretärin. Maturitätsvorbereitung Feusi-Schule Bern. Matur Typus B 1960. Immatrikulation Herbst 1960 in Bern. Motivation: aktive Teilnahme der Familie am Leben der Diaspora-Kirchgemeinde, Sonntagschularbeit, aktiv in JK. Berufsziel: nicht konkret, aktive Teilnahme an der kirchlichen Arbeit. Ganzes Studium in Bern. Lernvikariat in Riggisberg, Staatsexamen Herbst 1968, *Konsekration, Aufnahme in den Kirchendienst 1968.* 1969–1987 Pfarrerin in Oberwil b.B., Pensionierung 1987. Stellvertretungen in der Freiburger Reformierten Kirche. Lebt in Bulle.

Evelyne Lotter geb. 29. April 1940. Maturität Typus B. Immatrikulation WS 1960/61 in Bern. Lernvikariat in Hindelbank bei Pfr. Trechsel. Staatsexamen Herbst 1969. *Konsekration 1969.* Verweserin September 1970 bis Juli 1971 in Wengi

b. Büren. *Aufnahme in den Kirchendienst 1971.* 1974 Pensionierung aus gesundheitlichen Gründen.

Anneliese von Gunten geb. 3. Oktober 1930, gest. 19. März 1992. Studien in Bern. Lernvikariat in Spiez. *Konsekration und Aufnahme in den Bern. Kirchendienst 1967.* Verweserin in Innertkirchen. 1968–1972 Pfarrerin in Zezwil (AG), 1972 in Brugg, 1975–1983 Pfarrerin in Zuchwil, 1983–1990 Pfarrerin in Weggis-Vitznau, 1990–19. März 1992 Pfarrerin in Littau-Reussbühl.

Katharina Hübner geb. 1940. Maturität Typus A mit Hebräisch 1961. Immatrikulation Herbst 1961 in Bern. Berufsziel: Gemeindepfarramt. Zwei Studiensemester an der Kirchlichen Hochschule Wuppertal. Staatsexamen nach Vikariat in Burgdorf Frühjahr 1968. *Konsekration* in Belp durch Pfr. Messerli. *Aufnahme in den Bernischen Kirchendienst 1968.* Sommer 1968 Verweserei in Luzern. Oktober 1968 bis Oktober 1978 Pfarrerin in Bellach (SO). Ab 1. Dezember 1978 im reformierten Pfarramt am Universitätsspital Zürich. 1981 Supervisorin CPT.

Dorothea Gysi geb. 1938. Immatrikulation Herbst 1962 in Bern. Motivation: Zu etwas gerufen sein. Berufsziel: damals noch keines, im Lernvikariat Pfarramt. Akzess: «Die Bedeutung von Jesu Tod für die Vollendung des Heilswerks in der Sicht des vierten Evangelisten». Staatsexamen, *Konsekration und Aufnahme in den Bernischen Kirchendienst 1970.* 1970–1975 Pfarrerin in Bönigen-Interlaken. 1975 Rücktritt. Seit 1976 Benediktinerin in der Abtei Herstelle in Beverungen (D), Sr. Eucharis (OSB). Neben innerklösterlichen Aufgaben auch Kursarbeit mit Frauen und Jugendlichen.

Kathrin Eberhart (Zanetti-Eberhart) geb. 2. September 1943. Vater Hufschmiedemeister. Nach Sekundarschule Töchterhandelsschule in Bern, im letzten Jahr Beginn des Abendgymnasiums Feusi. Diplom THB und Eidg. Maturität Typus B 1963. Immatrikulation Herbst 1963 in Bern. Motivation: Arbeit mit Menschen, Mitarbeit in Kirchgemeinde, Freude an

alten Sprachen, Lust, Fragen des Glaubens vertieft nachzugehen. Berufsziel: Einsatz in Drittweltland, eventuell Jugendarbeit oder Unterricht. Zwei Studiensemester in Rom (Facoltà
Valdese di Teologia). Lernvikariat in Saanen bei Pfr. W. Hirsch,
Staatsexamen 1969, Ausweis VDM wie männliche Kollegen,
*Konsekration im Berner Münster, Aufnahme in den Kirchen-
dienst 1969.* Im Auftrag des SEK Auslandpastoration und Aufbau einer Jugendarbeit mit Deutschsprachigen in Florenz.
Heirat mit einem Waldenser, zwei Kinder. Nach Rückkehr in
die Schweiz Pfarrerin in der Kirchgemeinde Münchenbuch-
see im Vollamt. Anschliessend Pfarrerin der Italienischspra-
chigen Gemeinde in Bern (50%, ab 1992 30%), zusätzlich
Pfarrerin an der Johannes-Gemeinde Bern (im Halbamt).

Margret Ramser geb. 4. März 1942. Vater Bankbeamter. Maturität Typus B. Immatrikulation Herbst 1963 in Bern. Motivation: Interesse an theologischen Fragen und an mensch-
lichen Beziehungen. Studiensemester in Edinburgh. Akzess:
«Das 5. Gebot in der neueren Forschung». Vikariat in Riggisberg, Staatsexamen 1970, Ausweis VDM, *Konsekration durch
Pfr. Ulrich Müller, Aufnahme in den Bernischen Kirchendienst
1970.* 1970–1978 Pfarrerin in Oberbalm, 1978–Ostern 1990
Bern-Paulus, ab Advent 1990 Pfarrerin in Kirchgemeinde Köniz, Kreis Wabern.

Fragebogen

Name und Vorname:
Geburtsdatum:
Beruf der Eltern:
Geschwister mit Beruf:

In welchem Alter haben Sie sich entschlossen, Theologie zu
studieren?

Schulischer Werdegang:
Abschlusszeugnis:
Maturitäts-Typus:

Welches war die Motivation zum Theologiestudium?

Haben Vorbilder Ihre Studienwahl beeinflusst?
Spielte das Berufsbild des (oder eines) Pfarrers eine Rolle?

Wie hat Ihre Umgebung (Familie, Freunde, Bekannte, Schule ...) auf Ihre Studienwahl reagiert?
Wenn negativ, mit welcher Begründung?

Wussten Sie bei Studienanfang, dass Frauen als Pfarrer nicht
wählbar waren?
Wenn ja, welches war Ihre Motivation, trotzdem Theologie
zu studieren?
Welches war dabei Ihr Berufsziel?

Studiengang:
Immatrikulation, wann, wo?
Studienorte:
Examen:
Vikariat:
Abschluss:

Hat sich Ihr Studiengang von dem Ihrer männlichen Kommi-
litonen unterschieden (Examen, Vikariat...)?
Welches war Ihr beruflicher Ausweis nach Studienabschluss?
Wortlaut:
Von wem und unter welchen Umständen wurde Ihnen das
Abschlusszeugnis übergeben?

Wurden Sie ordiniert?
Wenn ja, von welcher Kirche? Von wem? In gleicher Weise
wie Ihre Kommilitonen?

Wie erging es Ihnen als Frau an der Fakultät?
In Bezug auf Ihre Kommilitonen?
In Bezug auf die Professoren?
In Bezug auf sich selbst?

Wie erging es Ihnen im Vikariat (sofern Sie eines absolvieren
konnten)?
In Bezug auf den Lehrpfarrer?
In Bezug auf die Gemeinde?
Hatten Sie die gleichen Möglichkeiten wie Ihre Kommi-
litonen?

Welche Erfahrungen haben Sie während Ihres Studiums und
während Ihres Vikariates mit den kirchlichen Behörden
(Synodalrat, Lernvikariatskommission) gemacht?

Waren Sie in Ihrer Kirchgemeinde integriert?

Beruflicher Werdegang:

Familiäre Situation:
Verheiratung, Familie:
Hat Ihre familiäre Situation Ihren beruflichen Werdegang be-
einflusst – oder umgekehrt?
Wie hätten Sie sich eine Verbindung von Beruf und Familie
im Idealfall vorgestellt?

Wenn Sie das Theologiestudium abgebrochen haben, aus welchen Gründen?
Spielte dabei das Fehlen einer Berufsaussicht eine Rolle?

Wurden Ihnen während Ihres Studiums oder im Beruf theologische Gründe gegen das Pfarramt der Frau entgegen-
   gehalten? Welche? (Professoren, Kirche, Kollegen, Gemeinde?)

Quellen

Archive

Staatsarchiv des Kantons Bern (StAB)

Album universitatis Bernensis	BBIIIb
Synodalratsarchiv:	
Protokolle des Synodalrats (1907–1957)	SA B19–B30
Protokolle der Prüfungskommission	BBIIIb1248–1262
Fakultätsprotokolle v. 8.11.1917, 6.12.1917	
Korrespondenz des Synodalrats	Schachtel B151
Korrespondenz der Prüf. Kommission	Schachtel BBIIIb
Prüfungsreglement	SA 150b
Schachtel betreffend	
weibl. Theologiestudentinnen	B151,c
Kirchgemeinden	Schachtel F54
Korrespondenz	
Synodalrat-Kirchendirektion	F54
Geschäfte der Kirchendirektion	BB6.1
Kirchengesetz 1865–1945	B52
Neue Kirchenordnung 1953	Schachtel 55e
Verhandlungen der Kirchensynode v.1917–1965	
Tagblatt des Grossen Rates v.1942–1965	
Jahrzehntberichte des Synodalrats v.1910–1970	
(1920–1930 aus Bibliothek von Pfr. M.Wyttenbach)	
Nachlass Dora Scheuner,	
Archiv der Universität Bern	N143–146

Archiv der Gosteli-Stiftung, Worblaufen
Archiv des Schweiz. Verbandes reformierter Theologinnen
Mappe Bern
A. Bachmann: Bericht über die berufliche Ausbildung und
  Anstellungsmöglichkeiten Bernischer Theologinnen, 1926
M. Speiser: «50 Jahre Theologinnen in der Schweiz», 1969
Brief der Bern. Theologinnen an den Synodalrat v. 27.10.1927
Brief des Synodalrats an die Bern. Theologinnen v. 28.11.1927
Acht Schriften zur Saffa 1928, Orell Füssli Verlag
Mitgliederverzeichnis des Frauenstimmrechtsvereins Bern

Eingabe des Bern. Frauenbundes, der Frauenhilfe Berner
Oberland und des Aktionskomitees für die Mitarbeit
der Frau in der Gemeinde an die Mitglieder der Synode
und des Grossen Rates betr. von 1944

Staatsarchiv des Kantons Solothurn (StAS)
Ratsmanual des Regierungsrates v. 1933–1958
Geschäfte des Kultusdepartements

*Archiv der Kirchgemeinde Derendingen, Kirchenverwaltung
Derendingen (KgAD)*
Protokolle des Kirchgemeinderates Derendingen (1932–1952)
Gemeindeblatt der Kirchgemeinde Derendingen (1932–1963)

*Archiv des Pfarramtes Zuchwil, im Estrich des Pfarrhauses Zuchwil
(KgAD, Zuchwil)*
Einzelne Korrespondenzen
Predigt von Albert Schädelin zur Einweihung der Kirche Zuch-
wil 1942

Archiv des Regierungsstatthalteramtes Konolfingen, Schlosswil
Manuskript der Ansprache von Regierungsstatthalter Lauener
zur Installation von Edith Meier 1965

Zeitungen und Zeitschriften

«L'église Nationale» v. 25.5.1918
«Der Bund» Nr.144 v. 23.9.1928
«Kirchenblatt für die Reformierte Schweiz» v. 19.11.31, 10.3.1932
«Reformiertes Forum» Nr.23 v. 25.10.1991
«Leben und Glauben» (Ausschnitt ohne Datum).

Verschiedene Quellen

Gutachten von Fritz Gygi v. 27.10.1961 (bei der Verf.)
Gutachten von Hans Huber v. 3.1.1963
(Kirchendirektion)
Heidi Neuenschwander: «Nachruf für Pfr. Mathilde Merz» 1987
Nachlass Alice Aeschbacher (bei ihrem Sohn Pfr. U. Ott)
Nachlass Irene von Harten (bei ihrer Tochter Dr. med. R. Schröter,
Freiburg i. Br.)

Antworten und Ergänzungen zu den an die Theologinnen
verschickten Fragebogen, dazu verschiedene Interviews.

Literatur

BARTH, Karl: *Kirchliche Dogmatik*, III / 4, S. 173 –190, EVZ 1951

EPTING, Ruth: *Für die Freiheit frei*, Theol. Verlag Zürich 1972

KÄHLER, Else: *Die Frau in den paulinischen Briefen*, EVZ 1960

VON KIRSCHBAUM, Charlotte: *Die wirkliche Frau*, EVZ 1949

VON KIRSCHBAUM, Charlotte: *Der Dienst der Frau in der Wortverkündigung*, Theologische Studien Heft 31, EVZ 1951

LEENHARDT, Franz J. / BLANKE, Fritz:
Die Stellung der Frau im Neuen Testament und in der alten Kirche, Kirchliche Zeitfragen Heft 24, Zwingli Verlag Zürich, 1949

DE QUERVAIN, Alfred: *Die Frau als Dienerin des göttlichen Wortes*, in «Die evangelische Schweizerfrau», Mai 1963

Personenverzeichnis

Fakultät

Guggisberg, Kurt	*29, 76.* Dr. theol., 1945 o. Prof. für Kirchengeschichte
Hadorn, Wilhelm	*17f., 20ff., 24ff., 29, 34, 36, 119, 131.* Dr. theol., Pfarrer am Münster, 1912 a.o. Prof. für Kirchengeschichte, 1922 o. Prof., Synodalrat, 1919–1922 Präsident des Synodalrates.
Haller, Max	*38, 44, 60, 69, 74f., 78, 124, 141.* Dr. theol., 1925–1949 Prof. für AT und Religionsgeschichte, 1927–1948 Präsident der Prüfungskommission.
Lauterburg, Moritz	*17f., 20.* Dr. theol., Prof. für praktische Theologie und Ethik, 1917 Dekan der Fakultät und Rektor der Universität, 1925–1927 Präsident der Prüfungskommission.
Marti, Karl	*20f., 25f., 29, 120.* Dr. theol., 1895–1925 o. Prof. für AT, Präsident der Prüfungskommission bis 1925.
de Quervain, Alfred	*130.* 1947 Prof. für Ethik und Soziologie
Schädelin, Albert	*45, 54, 59, 61, 63, 121, 137.* Dr. theol., Pfarrer in Bern-Münster, 1928 a.o. Prof. für praktische Theologie, Synodalrat.
Werner, Martin	*60, 124, 145.* Dr. theol., seit 1927 o. Prof. für Dogmatik, Symbolik, Theologiegeschichte und Philosophie.

Grosser Rat

GR von Fischer, Fritz	*71.* BGB, Bern
GR Scherz, J.	*70.* BGB, Scharnachtal
GR Stucki, Christian	*70.* SP, Riggisberg

Kirchendirektion

Dürrenmatt, Hugo	*49, 58, 66f., 69ff.* Dr., Kirchendirektor bis 1945
Feldmann, Markus	*71.* Dr., Kirchendirektor ab 1946

Synodalrat

Güder, Emil   *23 f., 29*. Dr. theol., Pfarrer in Aarwangen, 1923–1926 Präs. des Synodalrates

Lörtscher, Otto   *23*. Pfarrer, Armeninspektor, 1927–1930 Präs. des Synodalrates

Matter, Walter   *67, 75*. Pfarrer in Schüpfen, 1943–1946 Präs. des Synodalrates

Nissen, Wilhelm   *57, 63*. Pfarrer, 1935–1948 Sekretär des Synodalrates

Rohr, Ernst   *24*. Pfarrer in Hilterfingen, 1931–1934 Präs. des Synodalrates

Ryser, Emil   *23 f.* Dr. theol., Pfarrer in Bern-Paulus, 1915–1918 Präs. des Synodalrates

Tenger, Paul   *59*. Pfarrer in Bern-Münster, 1939–1942 Präs. des Synodalrates

Trechsel, Max   *53*. Pfarrer in Langnau, 1935–1938 Präs. des Synodalrates

Wäber, Paul   *38*. Dr. iur., Oberrichter

Wyttenbach Max   *111*. Pfarrer in Kirchberg

Synode

Balmer, Pierre   *100*. Pfarrer in Moutier

Gerber, Walter   *54, 60, 69*. Pfarrer, 1923 Derendingen, 1937 Huttwil

Hutzli, Walter   *89 ff., 96*. Dr. theol., Pfarrer in Bern-Paulus

Küenzi, Alphonse   *79, 83*. Dr. phil., Gymnasiallehrer, 1955–1958 Präs. der Synode

Moeschler, Georges   *98 f.* Pfarrer in Biel

Moser, Fritz   *98 f.* Landwirt in Dürrgraben (Heimisbach)

Oettli, Jakob   *25*. Pfarrer in Derendingen

de Roulet, Jacques   *96*. Pfarrer in Péry

von Rütte, Hans   *75 f., 90*. Pfarrer in Frutigen

von Steiger,   *96, 107*. Pfarrer in Sumiswald
   Friedrich

Stalder-Merz, Eva   *136*. Präsidentin Frauengruppe FDP

Stämpfli, Hedwig   *82, 84, 136*. Dr. phil., Bäuerin in Meikirch

Stüssi, David   *95*. Dr., Bundesbeamter, 1963–1966 Präs. der Synode

Wäber, Hans   *40, 137*. Pfarrer in Bern-Münster, 1927–1930 Präs. der Synode

Verschiedene

Buri, Fritz   *74, 145*. Pfarrer in Täuffelen, Dr. theol., 1935 PD in Bern, 1939 in Basel für Systematische Theologie

von Greyerz, Karl   *37, 144*. Pfarrer in Bern-Johannes

Wälchli, Robert   *74 ff.* Pfarrer in Lauperswil